LE PAIN À BON MARCHÉ

DANS

LES VILLES ET LES COMMUNES DE L'EMPIRE

# EXPOSÉ

## INDUSTRIEL, ADMINISTRATIF ET COMMERCIAL

D'UN SYSTÈME COMPLET

# DE PANIFICATION RATIONNELLE

PAR

**CH. DE WAET,** Ingénieur civil.

DEUXIÈME ÉDITION,

REVUE, AUGMENTÉE ET ORNÉE DE HUIT PLANCHES GRAVÉES SUR CUIVRE

PARIS,

CHEZ L'AUTEUR, 31, RUE MONTMARTRE,

ET CHEZ LES PRINCIPAUX LIBRAIRES.

1856.

# LE PAIN A BON MARCHÉ

DANS

## TOUTES LES VILLES ET LES COMMUNES DE L'EMPIRE.

PARIS,
IMPRIMERIE DE DUBUISSON ET Ce, RUE COQ-HÉRON, 5.

# LE PAIN A BON MARCHE

DANS TOUTES

# LES VILLES ET LES COMMUNES DE L'EMPIRE.

---

## EXPOSE

INDUSTRIEL, ADMINISTRATIF ET COMMERCIAL

D'UN SYSTÈME COMPLET

## DE PANIFICATION RATIONNELLE,

PAR

**CH. DE WAET, Ingénieur civil.**

---

DEUXIÈME ÉDITION,

REVUE, AUGMENTÉE ET ORNÉE DE HUIT PLANCHES GRAVÉES SUR CUIVRE.

PARIS,

CHEZ L'AUTEUR, 17, RUE SAINT-MAUR-POPINCOURT,

ET CHEZ LES PRINCIPAUX LIBRAIRES.

1855.

# AVIS.

Nous publions cette nouvelle Édition, pour prouver d'une manière certaine qu'il est possible de ***réduire le prix du pain de quinze à vingt pour cent*** dans toutes les villes et même dans les communes de l'Empire français, par l'adoption des trois bases suivantes, savoir :

1° Concentration de la fabrication du pain par la réunion de la mouture à la boulangerie, usage de tous les procédés mécaniques et autres reconnus efficaces;

2° Emploi intelligent des blés durs de l'Algérie et de l'Orient, extraction des matières panifiables contenues dans les sons, introduction, dans le pain de seconde qualité, de substances nutritives, salubres et économiques;

3° Vendre le pain, à tous, à prix de revient, augmenté d'un centime par kilog., pour le bénéfice du manutentionnaire.

Paris, 25 septembre 1855.

# PRÉFACE.

« Le triomphe des idées utiles n'est jamais
» qu'une question de temps. »

Benjamin CONSTANT.

L'accueil bienveillant que la première édition de ce travail a reçu du public nous oblige à présenter aujourd'hui une œuvre plus complète.

Grâce au concours si désintéressé des principaux journaux de Paris et des départements, l'élan est imprimé : la question de la production générale du pain à bon marché sera résolue. La *Presse*, le *Siècle*, la *Gazette de France*, l'*Agriculture* et nombre d'autres ont provoqué l'examen, ont éveillé l'attention de tous : l'appel qu'ils ont fait a été entendu ; ils auront bien mérité de l'humanité ! C'est comprendre dignement sa mission que d'accorder aide et protection à une idée vraie, lorsqu'elle touche à l'intérêt public.

Les idées les plus utiles sont celles qui ont souvent le plus de difficultés à se faire admettre ; et, en effet, quoi de plus simple que de concentrer la fabrication d'un produit dans le même local? Toutes les industries s'efforcent de perfectionner leur moyen de production, toutes concentrent leur fabrication, toutes cherchent à profiter des découvertes modernes. Le moindre perfectionnement réalisé dans une industrie est immédiatement adopté par cette industrie entière.

Seule, la fabrication du plus précieux de nos aliments est demeurée stationnaire; nous ne comptons pas les louables efforts de quelques pionniers du progrès; ceux-là savent ce qu'il en coûte pour abattre les errements funestes d'une routine séculaire!!! Le pain, dont nous faisons notre nourriture habituelle, est fait aujourd'hui avec aussi peu de souci du progrès que s'il n'en existait pas, et cela, au grand préjudice de la fortune et de la santé publiques.

L'exposé théorique et pratique du système complet de panification que nous publions, doit contribuer à réaliser des économies considérables sur le prix du pain.

Nous avons résumé d'une manière très brève les deux principes sur lesquels repose entièrement la réalisation du grand progrès auquel nous avons voué notre existence; les conséquences qui en découlent sont d'une appréciation facile, et l'application en est des plus aisées. Les voici :

1° *Produire partout le pain, en concentrant toute sa fabrication dans le même local, adopter les appareils mécaniques les plus économiques et employer les procédés de panification reconnus les plus avantageux ;*

2° *Vendre à tous le pain à prix de revient, augmenté d'un bénéfice déterminé à l'avance* (*un centime par kilog. par exemple*).

Un examen attentif prouvera de suite l'excellence des résultats produits par l'adoption générale de ces deux principes :

*Produire partout le pain en concentrant toute sa fabrication.* La réalisation de cette opération aurait été assez difficile autrefois, parce que le principal obstacle était la difficulté de réunir la meunerie à la boulangerie : le besoin d'une force motrice, quelquefois considérable, obligeait l'emploi de moteurs hydrauliques ou de moulins à vent; rarement on emploie les forces animales pour produire la somme de travail nécessaire à la mouture et aux autres travaux. Les moulins se trouvaient soit sur des cours d'eau, soit sur des monticules, les uns et les autres trop souvent éloignés des centres populeux : de là, obligation de recourir à des transports onéreux et à des pertes considérables de temps et d'argent.

L'adoption de fours-générateurs, produisant de la vapeur au moyen de la chaleur utilisée des fours, et permettant l'emploi de cette vapeur par les personnes les moins intelligentes, vient aplanir la plus grande des difficultés de la concentration.

Que l'on se garde bien de croire que le bienfait de cette innovation ne peut être obtenu que par la réunion d'immenses capitaux, et, par suite, n'être pratiqué que dans les centres populeux; au contraire, le système peut se plier à toutes les exigences : on produira le pain à des prix relativement aussi réduits dans un bourg de 1,200 âmes, que dans une cité de 400,000 habitants.

La production d'une force motrice presque gratuite entraîne une foule de circonstances heureuses, qui toutes réagissent sur la production économique d'un aliment si généralement consommé.

La principale est, sans contredit, la suppression totale des intermédiaires qui existent sur les frais de toute nature qui sont la conséquence forcée de cet état de choses, et qui viennent augmenter d'autant le prix du pain : *en concentrant la fabrication*, on ne laisse subsister entre le producteur des céréales et le consommateur du pain qu'un seul intermédiaire, le seul forcément inévitable, le *meunier-boulanger*.

La production d'une force motrice permet de supprimer le travail pénible des hommes qui fabriquent le pain, *l'emploi des machines et appareils perfectionnés* empêche le contact pernicieux et déplorable des matières ammoniacales qui sont sécrétées de toutes les parties du corps des malheureux qui se livrent au travail énervant du pétrissage. On ne saurait croire combien le contact des ouvriers boulangers, quelquefois maladifs et exténués de fatigue, a occasionné de désordres dans l'organisme des consommateurs, surtout de ceux qu'une disposition antérieure avait déjà ébranlés.

La *concentration de la fabrication* doit supprimer toutes les fraudes qui viennent aggraver le sort si digne d'intérêt de nos malheureuses populations; c'est surtout lorsque le pain est à un prix élevé que la sophistication exerce, avec un honteux profit, sa criminelle industrie. Les relevés des tribunaux ne donnent, malheureusement, que trop de véracité à ce que je puis avancer.

La manipulation générale pourra se faire avec infiniment plus de bénéfice dans l'intérêt commun. On ne verra plus donner en mouture d'excellents produits, et recevoir en échange des marchandises médiocres; on moudra du bon blé chez soi, et on sera certain d'en retirer réellement en farine ce qu'il contient; les parties les plus riches en matières nutritives n'en auront pas été distraites dans un but de lucre éhonté.

Les calculs, de la plus rigoureuse exactitude, que nous soumettons à l'examen des hommes compétents, démontrent incontestablement les économies positives que nous pouvons réaliser.

La plupart des améliorations, qui ont été les fruits de recherches longues et minutieuses, ne pourront jamais être fructueusement pratiquées si le travail doit être exécuté à bras d'hommes au lieu de l'être par un moteur gratuit.

Le progrès étant mobile de sa nature, le système que nous proposons aujourd'hui, bien qu'il soit le plus complet qui existe, peut être modifié; mais la base ne changera pas. Il peut y avoir perfectionnement, mais il n'y aura jamais renouvellement intégral.

*La vente du pain à prix de revient, augmenté d'un bénéfice déterminé*, est une idée très simple, et, par cela même, vraie et fertile en bons résultats. En effet, s'obliger à vendre un objet ce qu'il coûte, n'est-ce pas donner à l'acheteur le droit de savoir ce que cet objet a coûté, plus le bénéfice fixé à l'avance?

Au premier aspect, cette idée paraît impraticable; mais que l'on se rassure, rien n'est plus facile que son application. Nous donnons dans le cours de ce travail, au chapitre : *Organisation des Boulangeries communales*, le mode le plus convenable pour mettre cette mesure en exécution.

D'un coup-d'œil, on aperçoit la portée incalculable des résultats de la vente du pain à prix de revient, par suite du contrôle qui peut être exercé dans toutes les opérations de la manutention. Ce contrôle sera d'autant plus efficace, que ces établissements seront administrés par des personnes intéressées à leur succès, soit au point de vue de la philanthropie, soit à celui d'une part proportionnelle dans l'opération commerciale.

*Plus de fraudes, plus de sophistication* dans la fabrication du pain : la fraude ne se pratique qu'en vue d'un lucre quelconque : du moment où le lucre ne peut plus se faire au profit de celui qui exécute la falsification, la fraude n'a plus de raison d'être.

*Plus d'agiotage, plus de taxes erronées.* Chaque consommateur, ayant intérêt à payer le pain le moins cher qu'il sera possible, pourra publiquement faire connaître les manœuvres coupables auxquelles certains individus se livrent. Les achats s'effectueront directement pour les besoins des villes de second ordre, ou par les soins d'un agent général en Algérie, en ce qui concerne les blés durs qui pourront être consommés. On aura toujours la ressource de mélanger en quantité convenable ces blés avec les blés indigènes, si on remarquait une tendance à un hausse fictive du prix des blés.

*Plus d'atteinte à l'hygiène publique; plus de sources de maladies*, les moyens les plus convenables étant mis en usage pour prévenir toute opération qui serait de nature à nuire à la santé des consommateurs. L'intérêt individuel exercera une surveillance incessante sur la matière première, le mode de fabrication, la nature des produits livrés à la consommation.

*Plus de faute de gestion, plus de dilapidation.* Les quelques pièces de comptabilité qui règlent le prix de fabrication étant souvent l'objet de l'examen des surveillants permanents près de chaque manutention, ces pièces étant en petit nombre, et la plupart des autres dépenses étant invariables, n'offrent que très rarement des modifications. Le système apporte, dans son application, des moyens de justification qui mettent la mauvaise administration dans l'impossibilité de tromper.

*Bon marché réel*, car chacun ayant un intérêt évident à ne payer le pain qu'à son prix de revient, tout le monde s'ingéniera à découvrir les sources des achats les plus avantageux dans l'intérêt général.

La question des mélanges, de l'addition au blé de matières nutritives d'une valeur moindre et d'un résultat plus économique, pourra être examinée avec soin. L'adoption de ce principe sera du plus puissant secours pour les classes pauvres, surtout lorsque les blés sont à des prix tellement élevés, que cette cherté devient un véritable malheur public, qui frappe et paralyse toutes les industries.

La surveillance de l'autorité est singulièrement simplifiée par l'adoption de ces mesures. Les contraventions aux règlements actuels qui règlent la boulangerie, ainsi que les lois qui déterminent les cas de répressions, ne recevront plus les applications nombreuses que l'état actuel nécessite.

Les questions de taxe, de halles, de marchés, de douanes en ce qui concerne les céréales, sont considérablement simplifiées par l'adoption générale de cette formule, que nous ne saurions trop souvent répéter :

Produire le pain au meilleur marché possible; le vendre à tous au prix de revient.

# LE PAIN A BON MARCHÉ

DANS

# TOUTES LES VILLES ET LES COMMUNES DE L'EMPIRE.

## PREMIÈRE PARTIE.

Depuis longtemps, tous les arts, toutes les professions, ont adopté les perfectionnements que la science, que les recherches, que l'expérience, ont démontrés utiles, avantageux, praticables : seule, au milieu de cet élan général vers le progrès, la boulangerie est restée stationnaire, et cependant des efforts inouïs ont été tentés pour arriver à vulgariser de meilleures méthodes, des procédés de fabrication à la hauteur des connaissances actuelles. Nous pourrions citer nombre de personnes, amies du progrès, qui se sont dévouées courageusement à la vulgarisation de systèmes nouveaux, et malgré tous leurs efforts, l'art de la fabrication du pain n'a pas fait un seul pas dans la voie des améliorations : il reste toujours ce qu'il était il y a des siècles.

Nous ne pouvons cependant nous dispenser de rendre justice à quelques honorables exceptions, mais ce nombre, déjà si restreint, n'a adopté que quelques-uns des nombreux perfectionnements dont l'industrie de la panification est susceptible.

Il n'entre pas dans les limites de cet écrit d'examiner quelles sont les causes qui ont jusqu'ici empêché ou retardé l'adoption générale de procédés plus économiques et plus rationnels de fabrication ; seulement, nous joignons notre faible voix à celle de tous les hommes d'élite pour réclamer comme un puissant auxiliaire la liberté du commerce et de l'industrie de la panification.

En présentant au public un système nouveau et rationnel de fabrication de pain qui vienne satisfaire à toutes les exigences, nous avons la conviction d'avoir produit une œuvre de progrès dont les bienfaits deviendront un jour une source de nombreuses améliorations au sort des classes ouvrières, et de bien-être pour tout le monde.

Loin de vouloir monopoliser notre système, nous faisons appel à tous les hommes de progrès, nous voulons le vulgariser autant qu'il sera en notre pouvoir : ainsi tel se décidera pour l'emploi d'un pétrisseur à vapeur, qui abrége une grande partie du travail tout en le rendant plus avantageux et plus hygiénique, voudra ensuite un four continu et ensuite le système complet ; nos efforts constants tendront à mettre nos appareils à la portée de toutes les fortunes.

Notre concours est assuré à toute initiative qui aura pour objet la production du pain à bon marché par la propagation d'un système dont les conséquences seront si avantageuses pour atténuer les souffrances des populations, pour lesquelles un allégement dans les prix du pain est une question de la plus haute importance.

Plusieurs vastes manutentions modèles sont sur le point de se fonder à Paris ; leur but sera de fournir le pain, aux consommateurs, au prix de revient, augmenté d'*un centime seulement* par kilogramme pour tout bénéfice.

# CHAPITRE I.

## Rapport de l'Académie Nationale, Agricole, Manufacturière et Commerciale (1).

Séance à l'Hôtel-de-Ville de Paris, du 16 octobre 1851.

*Commission nommée par l'Académie pour l'examen du système de panification de M. de Waet.*

Membres de la commission : MM. Clerget, ingénieur ; Reverchon, agronome ; Rey de Morande, idem ; Hébert, ancien notaire ; Jean-Claude, cultivateur ; Gaillard, mécanicien ; Cornay, docteur ; Fléchet, architecte.

**M. CLERGET, Ingénieur, Rapporteur.**

### RAPPORT A L'ACADÉMIE.

« Messieurs,

» La Commission que vous avez déléguée pour examiner le système de panification de M. de Waet m'a chargé de vous présenter son rapport.

» La Commission s'est transportée au siége de l'Administration, et, quoiqu'elle n'ait eu qu'une seule réunion, les explications de M. de Waet, accompagnées d'une démonstration très détaillée, réunissant l'installation complète d'une usine, ont suffi pour permettre d'embrasser d'un seul coup d'œil l'ensemble du système, ainsi que la série d'opérations dont il se compose, et pour asseoir l'opinion de chacun des membres de votre Commission sur les avantages que l'on doit espérer de la mise en pratique de ce système.

» Le but principal du fondateur est de supprimer d'abord toute espèce d'intermédiaires entre le producteur des céréales et le consommateur du pain. Pour atteindre ce but, le moyen le plus infaillible est de concentrer dans un même établissement la mouture des grains, le blutage des farines, ainsi que tout ce qui se rattache à la partie si importante de la meunerie ; puis une boulangerie montée sur une échelle proportionnelle.

» Ces diverses opérations marchant de front, d'une manière continue, profitant dans leur mode d'installation de tous les perfectionnements pratiques connus, présentent déjà une économie notable, non-seulement sur les frais de déplacement, de transport et autres généraux, mais encore sur les frais de manutention, en utilisant, dans un travail régulier et continu, la chaleur des appareils et fours, pour produire la vapeur nécessaire à l'alimentation d'une petite machine motrice de 4, 6 ou 8 chevaux destinée à la mouture et à tous les besoins mécaniques de l'établissement.

» Les combinaisons ingénieuses de ce système, dont toutes les séries d'opérations s'enchaînent d'une manière simple et rationnelle, ont été appréciées par votre Commission avec d'autant plus d'intérêt qu'en affranchissant les ouvriers boulangers de la partie du travail la plus pénible et la plus dangereuse, sous le rapport de la santé, elles ont pour résultat assuré de permettre à toutes les classes et dans toutes les localités l'usage habituel d'un pain de première qualité, bien supérieur à celui qui se travaille dans les ménages, et avec une diminution importante sur le prix, que M. de Waet n'estime pas, en moyenne, au-dessous de 20 p. 100.

» Pour ne pas arrêter trop longtemps l'attention de l'Académie par une répétition inutile, ce rapport n'entrera pas dans les détails d'exécution et les résultats probables du système, qui ont été longuement développés devant votre Commission, non plus que dans les calculs et les chiffres sur lesquels le fondateur s'appuie pour établir le rendement en farine et pain, et leurs prix de revient : c'est à l'expérience, seul juge infaillible, qu'il appartient de consacrer ces résultats.

» Cependant cette question étant d'une haute importance, il convient à l'Académie de la connaître en détail ; et pour pouvoir l'apprécier avec tout l'intérêt qu'elle mérite, nous laisserons parler M. de Waet,

(1) Ce Rapport date de près de quatre années. Depuis cette époque, des modifications nombreuses ont été introduites dans le système.

qui, l'ayant étudiée à fond, peut entrer dans tous ses développements beaucoup mieux qu'il ne nous serait permis de le faire nous-mêmes. Je demanderai donc à l'Académie la permission de lire un mémoire que nous a remis M. de Waet. »

*A M. le président de l'Académie nationale, agricole, manufacturière et commerciale.*

Monsieur le Président,

Le nouveau système de panification qui est soumis à votre haute appréciation repose sur l'application rationnelle et intégrale de la mécanique et de la puissance motrice à toutes les opérations qui constituent la fabrication du pain.

Ce nouveau mode d'opération, qui a pour objet principal la suppression de toute espèce d'intermédiaire entre le producteur des céréales et le consommateur du pain, amène nécessairement un grand nombre d'améliorations importantes ; je vais essayer d'en énumérer quelques-unes qui ont rapport à l'économie, à l'hygiène, à l'agriculture, au commerce, à l'industrie et à l'amélioration matérielle et morale du sort des classes industrieuses.

ÉCONOMIE.

Il est facile d'apprécier que la suppression de toute espèce d'intermédiaire entre le producteur du blé et le consommateur du pain doit amener des économies qui sont d'autant plus importantes que ces économies se représentent à chaque instant.

D'un autre côté, le mode d'opération du système n° 3 suppose une alimentation journalière et constante de 4,000 bouches ; la diminution de la main-d'œuvre qui résulte de l'emploi bien entendu des machines réduit immensément les frais d'une consommation journalière considérable ;

Résultat d'une journée d'opération basée sur un travail de vingt-quatre heures :

*Au 15 décembre 1851.*

NOTA. — Le blé est évalué à 76 kilog. l'hectolitre.

Le blutage est fixé à 25 p. 100.

Deux kilog. de perte en mouture p. 100.

Le prix du blé est basé sur le rayon d'approvisionnement de Paris, moyenne de 13 fr. au 15 décembre 1851. Le prix du pain est conforme aux taxes officielles en date du 15 décembre 1851, soit 26 c. le kilog.

| | | fr. | cent. |
|---|---|---|---|
| 35 hectolitres de blé à 13 fr. l'hectolitre. | | 455 | » |
| 250 kilog. houille à 3 fr. p. 100. | | 7 | 50 |
| 2 kilog. levure à 1 fr. 20 c. | | 2 | 40 |
| 8 kilog. de sel à 25 c. | | 2 | » |
| 1 Meunier à 4 fr. | 4 » | | |
| 2 Brigadiers à 4 fr. | 8 » | | |
| 2 Aides à 2 fr. 50 c. | 5 » | 21 | » |
| 1 Aide meunier à 2 fr. | 2 » | | |
| 1 Aide manœuvre à 2 fr. | 2 » | | |
| Frais divers, éclairage, intérêt, entretien, etc. | | 50 | » |
| Total des dépenses. | | 537 | 90 |

*Recettes.*

| | fr. | cent. |
|---|---|---|
| 280 kilog. de son à 5 fr. les 100 kilog. | 14 | 50 |
| 350 kilog. de remoulage à 10 fr. les 100 kilog. | 35 | » |
| 2640 kilog. de pain à 26 cent. | 686 | 40 |
| Total des recettes. | 735 | 90 |
| A défalquer le total des dépenses. | 537 | 90 |
| Reste. | 198 | » |
| 25 p. 100 de rabais pour le consommateur. | 171 | 60 |
| Un centime de bénéfice, par kilog. | 26 | 40 |

Nous ferons observer ici, 1° que notre rendement est inférieur à celui qui s'obtient journellement en pratique ; 2° que nous évaluons nos prix d'achats sur des blés de premier choix ; 3° que nous ne portons pas en compte la tolérance du poids ; 4° que nous ne nous basons aucunement sur la vente des pains dits de fantaisie.

Nous estimons que les avantages moyens produits par l'emploi du système à l'alimentation d'un million de bouches réaliseraient une économie annuelle de près de 8 millions, en prenant pour base la consommation moyenne de 250 grammes par consommateur, le prix normal fixé à 60 cent. les 2 kilog., sur lequel on pourrait toujours produire une réduction moyenne de 20 p. 100.

D'un autre côté, l'établissement des manutentions communales donnerait une somme d'économie considérable aux cultivateurs et ouvriers des campagnes, par la facilité que, par le système, les associations ou les communes pourraient accorder d'effectuer le payement du battage, de la mouture ou de la panification en matières premières, et cela d'une manière équitable et rationnelle.

### DESCRIPTION DU SYSTÈME.

Le panificateur de Waet est basé sur la production d'une force motrice gratuite par le moyen d'un four à cuire le pain à chauffage extérieur et continu, produisant la vapeur nécessaire au service des divers appareils que nous allons énumérer.

Le blé, amené au pied de l'usine, est immédiatement déversé dans un réservoir de la capacité d'une charge de voiture ordinaire; des godets transportent immédiatement les céréales dans un conservateur dans lequel le blé est incessamment mis en mouvement; un aérage bien entendu empêche que, en s'échauffant, il ne facilite l'éclosion des larves d'insectes qui en absorbent la partie la plus nutritive.

Le conservateur fournit à mesure des besoins du service le blé nécessaire à la manipulation; ce blé, avant d'être livré à la mouture, est soumis à l'action d'un épurateur perfectionné qui en sépare les parties hétérogènes, ainsi que les impuretés qui s'y rencontrent.

Les graines étrangères et les criblures viennent se placer dans des réservoirs, d'où elles sont tirées pour être moulues et converties en un pain salubre, propre à l'usage des chevaux, des bestiaux et des chiens; une certaine quantité de son et de farine de féverolles, d'orge ou de seigle est mélangée à cette composition afin de la rendre assimilable et nutritive.

Les blés et céréales sont soumis à la mouture au moyen d'un système de moulin qui exige une force motrice moindre que celle du système de mouture actuellement en usage.

Aussitôt que le blé est converti en farine, cette dernière est transportée dans un blutoir où les pellicules et les sons sont séparés; les différentes qualités de farines ainsi que les sons se rendent dans des réservoirs et des magasins spéciaux pour y être conservés jusqu'au moment du service.

La farine mélangée qui est destinée à la panification est transportée dans un système de comptabilité mécanique qui détermine, au moyen d'un cadran indicateur, la quantité exacte de farine mise en manipulation, dont le produit doit être rigoureusement justifié; ce système empêche la dilapidation des denrées : dans les manutentions administratives, tant civiles que militaires, le comptable peut d'un coup-d'œil déterminer la situation du magasin, et procéder avec sécurité à la vérification des entrées et des sorties.

Une pompe, desservie au moyen du moteur du système, fournit l'eau nécessaire au service de la production de vapeur et du travail de la manutention. Il importe d'employer l'eau dans toute sa pureté, tant pour l'usage du générateur que pour celui de la panification, qui exige l'emploi d'une eau dans les meilleures conditions hygiéniques ; celle-ci est soumise à l'action d'un filtre, et conduite à la chaudière placée au-dessous du foyer, afin de lui communiquer le degré de calorique nécessaire au mélange de la panification.

Un réservoir destiné au mélange des eaux à la température convenable est disposé à la portée du pétrisseur ; un indicateur flotteur y désigne la quantité de liquide, un thermomètre dénote sa température : à la partie supérieure de ce réservoir se trouve placé un saleur destiné à contenir le sel liquéfié nécessaire à la panification, un pèse-sel détermine le degré de cette dissolution.

Le pétrisseur mécanique qui est employé dans notre système est un pétrisseur à bras, forgé et disposé de manière à supprimer absolument le contact des mains dans la manipulation des pâtes; cet appareil, qui se compose de plusieurs bras métalliques, disposés en section d'hélice, diffère du système Bolland, qui est reconnu supérieur à ce qui s'est fait jusqu'à ce jour, par un mouvement irrégulier relativement à la marche de l'hélice ; il est d'une grande puissance de travail et d'un effet merveilleux; en peu de minutes, une masse de pâte égale à une fournée de pain y reçoit la manipulation convenable, d'un travail fini, supérieur à celui du geindre le plus vigoureux et le plus habile.

Une introduction variable de vapeur perdue est annexée à cet appareil, de manière à pouvoir aisément remplacer la somme de calorique que l'action des bras métalliques distrait de la pâte, et dont l'absence neutraliserait la fermentation utile. Un préjugé s'est répandu au sujet de l'emploi des parties métalliques, le fer, la fonte étant bons conducteurs, la fermentation se ralentissait, et la routine de dire : la pâte ne lève pas parce que le contact des mains de l'ouvrier n'agit plus.

Aussitôt que la pâte a été convenablement manipulée, un des côtés du pétrisseur est soulevé, et, par un léger mouvement de rotation imprimé à l'axe du pétrisseur, la pâte est précipitée dans un appareil de forme cylindrique ayant à l'une de ses extrémités une ouverture graduée; un plateau d'un diamètre égal à celui du cylindre, muni d'un plan dentelé, reçoit un mouvement horizontal : ce même mouvement est transmis par un engrenage conique à un plateau horizontal fixé sur un arbre à pivot. Ce plateau, qui est divisé en un certain nombre de compartiments, reçoit des pannetons vides; au-dessus de chaque compartiment, des lames triangulaires fixées à l'axe pivotal du plateau viennent effleurer successivement l'ouverture graduée du cylindre, et font tomber ainsi dans chaque panneton une quantité de pâte déterminée suivant la densité de ce corps, de manière à obtenir, après cuisson, des pains de 2, 3 ou 4 kilog.

Un apprenti place incessamment les pannetons remplis de pâte sur une étagère munie de roues, sur un rail; il les remplace par des pannetons vides, qui, remplis à leur tour, viennent prendre place sur l'étagère, que l'on glisse ensuite sous le four.

La fermentation convenablement terminée, le contenu des pannetons est successivement posé par l'aide sur la pelle à enfourner, et le brigadier procède à l'enfournement,

De trente-huit à quarante-cinq minutes suffisent ordinairement à la cuisson des pains de 2 kilogr., quinze minutes sont nécessaires pour laisser reprendre au four le calorique que la cuisson et le défournement lui ont fait perdre; on peut donc évaluer que chaque panificateur doit produire, en moyenne, 24 fournées de 110 kilogr. de pain chacune, soit environ 2,640 kilogr. de pain par vingt-quatre heures.

Le four continu, qui est construit, partie en briques réfractaires et partie en fonte creuse, présente le triple avantage d'offrir des produits ayant chacun le degré de cuisson propre à chaque goût; ainsi la partie antérieure du four présente 30 pour 100 de pain fort cuit, la partie du centre offre 40 pour 100 de pain justement cuit, enfin 30 pour 100 de la fournée dont le pain est moins cuit.

Le pain cuit par le moyen de notre mode n'est jamais enduit de poussière ni de cendre, et ainsi que j'ai eu l'honneur de le démontrer, Monsieur le Président, il n'a reçu aucun contact de mains d'hommes.

*En un mot, le blé est entré dans la manutention au moyen de la machine, il en est sorti panifié, sans avoir subi aucun contact humain.*

Nous ajouterons que l'ensemble du système offre une simplification remarquable de moyens et d'appareils, et que, pour arriver à ce résultat, il a fallu avoir recours à tout ce que le génie et la science ont reconnu de plus rationnel, afin de pouvoir mettre à l'usage des intelligences les moins développées des appareils d'un emploi facile et exigeant peu de connaissances spéciales.

L'économie d'établissement a dû être de notre part l'objet d'un travail long et opiniâtre : il importait essentiellement au succès de la découverte que l'ensemble du système pût être d'un prix minime, afin d'en propager l'adoption et de faire profiter la masse la plus considérable de tous les avantages qui résultent d'une innovation basée sur les premiers éléments d'économie politique et sociale.

## HYGIÈNE.

On ne doit pas se dissimuler que, dans tous les arts chimiques, le principal, et nous osons dire le plus utile, la boulangerie, enfin, est resté dans les errements d'une routine d'autant plus déplorable qu'elle affecte profondément l'organisation vitale des malheureux ouvriers qui sont forcés de se livrer à ce labeur aussi pénible qu'abrutissant, en même temps que la santé publique réclame depuis si longtemps une amélioration réelle. Que l'on consulte les annales médicales, et l'on verra que la moyenne de l'existence des hommes voués à ce travail excessif et énervant est de plus de moitié au-dessous de la moyenne de ceux des autres branches d'industries.

Les mouvements saccadés, forcés, incessants, que nécessite la manipulation de la pâte, couvrent les malheureux ouvriers d'une épaisse couche de sueur; le froid, le moindre courant d'air, occasionnent des maladies qui, passant à l'état chronique, paralysent les moyens d'action et font de l'existence d'un homme naguère frais et dispos, une lente et douloureuse agonie.

Les caves humides, malsaines, privées d'air et à proximité des fosses fétides, dans lesquelles ces malheureux doivent généralement exécuter un travail pénible, soit pendant les nuits brumeuses de l'hiver, soit pendant les froides nuits d'été, sont autant de sujets d'aggravation d'un état de choses dont l'humanité doit gémir.

Le mode actuel de chauffage des fours est encore une de ces causes cruelles qui abrègent les facultés physiques et intellectuelles des êtres humains que le besoin de vivre oblige à ce labeur déplorable; obligé de suivre des yeux le développement et la direction des flammes produites par l'incandescence du bois, afin de conduire le four, comme on le dit en pratique, cet organe, d'une sensibilité extrême, est incessamment mis en contact avec une température anormale; il en résulte des cécités sans nombre, des perturbations incessantes du système nerveux.

Nous ne parlerons pas des effets dangereux qui résultent de l'addition des matières ammoniacales que le contact du corps des ouvriers, qui généralement ne brillent pas par excès de propreté et de soins, communique à la pâte, eux qui, soumis à des conditions anormales d'existence, sont habituellement dans un état maladif, ce contact est repoussant, dangereux même. L'une des plus hautes célébrités scientifiques de notre époque, M. Payen, a développé ce sujet dans son traité de chimie industrielle.

Nous nous abstiendrons de nous étendre longuement au sujet des impuretés sans nombre que tous les jours on rencontre dans un aliment d'une consommation si générale, qui doit exiger tant de soins et une propreté si parfaite.

Les cendres et les charbons que l'on voit incessamment garnir la partie inférieure du pain, sont un défaut qui ne se rencontre jamais dans le produit confectionné par notre système, l'intérieur de nos fours n'étant jamais mis en contact direct avec les matières combustibles.

Notre panificateur rend donc un service éminent, non-seulement à la classe des ouvriers boulangers, particulièrement à ceux de nos grands centres populeux, mais à la population entière, en ramenant à sa pureté hygiénique un aliment d'une importance si incontestable.

Chaque manutentionnaire, propriétaire d'un panificateur, ne sera plus exposé à recevoir, dans les farines dont il fait achat pour son travail et son commerce, des matières hétérogènes plus ou moins nuisibles, plus ou moins préjudiciables, et on ne verra plus l'honnête homme assimilé au fripon, parce qu'on introduit, à son insu, dans le travail de la mouture, soit des farines inférieures, soit des fécules, soit enfin des substances végétales, animales, minérales, etc. Tous ces abus ne pourront plus se produire sans que le manutentionnaire en ait sciemment connaissance, et alors aucune considération ne doit laisser échapper le coupable aux châtiments que la fraude doit recevoir; on ne saurait trop prémunir la santé publique si audacieusement exploitée par la fraude, contre le lucre et l'avarice de certains hommes sans foi, qui ne considèrent qu'un objet, qui n'ont qu'un but, la fortune personnelle.

### AGRICULTURE.

Sans parler ici de la suppression de toutes les espèces d'intermédiaires parasites entre le producteur du blé et le consommateur du pain, intermédiaires qui ne vivent qu'aux dépens de la production et de la consommation, nous allons aborder un nouvel ordre de faits et de conséquences, qui sont appelés à réaliser une amélioration notable dans le sort des populations rurales : nous voulons parler de l'établissement des manutentions communales.

Ces manutentions rurales seront établies dans les mêmes proportions et d'après le même système qui ont été adoptés pour les manutentions urbaines; quelques modifications seulement seront apportées, dans le but d'appliquer plus rationnellement la manutention aux usages et aux exigences de la vie des champs.

Le panificateur, outre ses appareils ordinaires, est augmenté d'un batteur de blé : un système de mouture spécial, qui exige une force motrice moindre, permet d'employer une partie de la force produite par le chauffage du four à plusieurs travaux d'utilité générale, qui seront proportionnés aux exigences de chaque localité, soit, par exemple, pour fournir d'eau potable une commune qui en serait dépourvue, soit pour en alimenter un plateau placé sur le sommet d'une montagne, soit, enfin, pour un de ces services qui font le bonheur d'une population.

Le service des manutentions rurales est basé sur la vente et sur un échange des produits propres à la panification, en pain ou en bons de consommation, échangeables à volonté.

Le service du battage du blé pourra être acquitté en nature; les achats pour le service des manutentions placées au milieu des centres populeux se feront au siége de chaque manutention rurale.

Chaque consommateur qui se présentera à la manutention pourra recevoir sur le champ, et sans bourse délier, la quantité de pain équivalente à la quantité de blé qui aura été présentée en échange; un épurateur agira uniformément sur toutes les céréales présentées : de là uniformité et propreté; le nettoyage étant opéré, le blé est mesuré, puis pesé; la valeur relative du blé étant déterminée par son poids, un tarif indique que telle quantité de blé, du poids de 74 kilog. par exemple, équivaut à tant de kilog. de pain, déduction faite des frais de mouture et de manipulation; remise immédiate en est faite au consommateur, si mieux il ne préfère les échanger contre des bons de consommations échangeables à volonté.

Ces bons, qui sont en quelque sorte hypothéqués sur la production et sur chaque manutention, acquerront immédiatement leur valeur réelle, puisqu'on pourra à chaque instant les échanger contre du pain dans toutes les manutentions.

Ce mode d'opération, mis consciencieusement en pratique, est appelé à servir de base à un grand nombre d'opérations analogues, qui toutes viendront partir d'un même principe.

Nous sommes décidés à disposer de tous nos moyens d'action pour faciliter la création de toutes les manutentions rurales dont nous-même nous ne pourrons prendre l'initiative d'une manière opportune.

Sans entrer dans de plus vastes développements et considérations, qui sont la suite de ces différentes applications, on voit aisément, Monsieur le Président, que l'agriculture reçoit, au moyen de la réalisation de notre système, une amélioration réelle, dont on ne peut se dispenser de reconnaître le mérite et l'opportunité.

LE COMMERCE ET L'INDUSTRIE.

Pour arriver à déraciner les errements d'une routine désastreuse et mettre en pratique une œuvre régénératrice, il a fallu se baser sur l'exploitation des panificateurs comme manutentions modèles, et sur la construction et la vente des appareils composant le système.

Il importe donc au succès de la propagation de l'œuvre que tous les établissements modèles puissent être incessamment soumis à l'appréciation générale; ils seront donc disposés de manière à pouvoir être constamment exposés aux yeux du public, sans gêner en rien le service intérieur de ces usines.

On comprend aisément l'immense avantage que le commerce et l'industrie retireraient non-seulement de la création d'un nombre considérable de manutentions civiles et rurales, mais des conséquences d'une mesure qui soumettrait à l'appréciation de toute la population les perfectionnements apportés dans les arts et l'industrie, l'immense développement commercial qui serait la conséquence de cette initiative, l'expansion des idées qui sera provoquée par la vue des applications pratiques de telle ou telle innovation, l'élévation intellectuelle des classes ouvrières que le contact des progrès palpables de l'industrie anoblirait : Jacquart, Stephenson, Senefelder et tant d'autres hommes d'un mérite transcendant ne seraient peut-être jamais sortis de l'obscurité, si le contact ou la vue des grandes choses n'eussent réveillé chez eux leur génie et les moyens d'action dont ils étaient doués.

Nous croyons, Monsieur le Président, qu'il y a plus de mérite à rendre praticable une grande œuvre d'amélioration matérielle et morale des populations, qu'à créer cette œuvre; la création d'une grande découverte est souvent l'effet d'un hasard ou le produit d'une idée, tandis que la mise en pratique exige des travaux incessants et un courage inouïs pour vaincre les difficultés qui forment toujours le cortége des innovations sociales, surtout lorsqu'il faut concilier tant d'intérêts divers, réunir tant de matières éparses et former de tous ces matériaux un édifice durable.

Enfin, nous avons pensé qu'en intéressant le personnel actif au succès des opérations d'une institution aussi vaste, nous donnions à cette œuvre un cachet de prospérité qui reposera alors sur des bases largement assises et mûrement combinées.

Tous nos efforts tendront à économiser les frais de premier établissement des manutentions qui seront livrées par nous; nous comprenons que c'est dans le prix avantageux du système complet que se trouve ses principaux éléments de succès.

En venant réclamer le concours bienveillant et impartial de l'Académie nationale et de votre Commission, pour l'examen d'une œuvre aussi fertile en bons résultats, le soussigné ose espérer qu'il n'aura point fait en vain appel à vos lumières et à votre patriotisme.

Il a l'honneur d'être, etc.

CH. DE WAET.

*Suite du Rapport.*

« D'après ce que vous venez d'entendre, Messieurs, vous partagerez sans doute l'impression favorable de votre Commission, en reconnaissant avec elle que le but que le fondateur s'est proposé est *d'une utilité générale, incontestable : que ses moyens d'action sont bien entendus, bien combinés, d'une exécution simple, facile et économique, et qu'il est enfin de l'intérêt public d'encourager la propagation de ce nouveau système.*

» Ces résultats, faciles à apprécier, ne peuvent que tourner au profit de la consommation. La suppression des nombreux intermédiaires, qui s'interposent ordinairement entre le producteur des céréales, le marchand de grains et les meuniers d'une part, et, d'autre part, entre ces derniers et le boulanger, permettraient aux établissements fondés, d'après le système de panification de M. de Waet, en traitant directement avec le cultivateur, d'obtenir un premier bénéfice sur le prix de la matière première, exonérée de tous droits de commission et de courtage, bénéfice dont elle pourra faire profiter le consommateur. Le petit cultivateur y trouvera constamment un débouché de ses produits en céréales, quelque minime que soit la quantité qu'il en pourra vendre à prix d'argent, ou échanger contre des bons de pain. Dans les communes rurales, enfin, chaque ménage, en s'affranchissant de la surveillance, de la peine et des frais, aura en outre l'avantage d'avoir, comme dans les villes, un beau pain, travaillé toujours de la même manière, d'une qualité supérieure au pain dit de ménage et à meilleur marché.

» L'Académie, qui ne laisse échapper aucune occasion de signaler les perfectionnements et les améliorations que chaque jour enfante, voudra contribuer sans doute, autant qu'il peut dépendre d'elle, à faire connaître les avantages que promet le nouveau système de panification; en lui rappelant qu'il s'agit de l'aliment de première nécessité, de la base de tous les autres, c'est être assuré d'avance de son concours, d'autant plus empressé que c'est ici une question d'intérêt public et d'économie générale.

» Votre Commission, en remerciant M. Ch. de Waet de ses explications et des détails qu'il a mis à notre disposition, vous propose de renvoyer son travail au comité de rédaction, pour être inséré dans le journal des travaux de l'Académie. »

Paris, le 16 octobre 1851.

Signé Clerget, ingénieur, *rapporteur*, Docteur Cornay, Flèchet, Reverchon, Jean Claude, Hébert, Gaillard, Rey de Morande.

---

# CHAPITRE II.

## ÉLÉMENTS DU SYSTÈME.

Tout le monde sait que la cuisson du pain s'opère généralement en plaçant la pâte dans un four qui a été chauffé par la combustion d'une certaine quantité de bois, lequel, ayant été consumé dans l'intérieur du four, communique aux matériaux qui forment cet appareil le calorique nécessaire pour y cuire la pâte.

Or, il est prouvé par de nombreuses observations et des expériences réitérées que, dans les meilleurs fours à chauffage intérieur, la quantité de calorique utilisé n'est égale qu'à trente pour cent du dégagement produit par la combustion du bois; il y a donc, par l'emploi même des meilleurs appareils connus, une perte de plus de 70 0[0 de la chaleur produite.

En présence d'un pareil état de choses, nous avons eu l'idée d'utiliser une grande partie de cette chaleur : d'abord, en établissant un système de cuisson de pain à chauffage extérieur, c'est-à-dire pour pouvoir maintenir la combustion pendant la cuisson du pain, sans devoir être obligé de chauffer le four à chaque fournée, d'en retirer les charbons ou braises, de nettoyer la sole ou l'âtre du four, toutes opérations longues et fatigantes. Nous avons obtenu, de cette manière, une cuisson parfaite, des produits propres, sains, sans cendres et sans braises, tels que ne le sont jamais les produits des boulangeries actuelles.

Ce premier résultat obtenu, nous ajoutâmes à ce four à chauffage continu un système très simple de générateur à vapeur, et, au moyen de ce perfectionnement, nous obtînmes ainsi une force motrice supérieure pour effectuer, dans la même boulangerie, toutes les opérations qui constituent la fabrication du pain.

Les portées de cette application sont incalculables; la production d'une force motrice gratuite, en permettant la concentration du travail, diminue d'une manière sensible les frais de toute nature et surtout les transports, qui viennent grever le prix de revient du pain.

Ainsi, dans les grands centres populeux, la base de l'alimentation passe, en général, par les intermédiaires suivants :

1º Le Fermier-Producteur : remboursement des frais, bénéfice et transports;
2º Le Négociant ou le Courtier en blé : commission, bénéfice et transports de mouture, dîmes;
3º Le Meunier : frais, dépenses, bénéfices et transports;
4º Le Courtier ou Négociant en farine : frais, commission, bénéfices et transports;
5º Le Boulanger : frais, dépenses de manipulation, transports et bénéfices;
6º Enfin le consommateur, qui supporte toutes ces charges.

Ainsi, dans le système généralement en usage, on voit à quelle multitude de frais, de dépenses superflues le pain est assujetti avant d'être livré au consommateur.

La base de l'alimentation publique doit, autant que possible, être affranchie de toute charge.

Le plus grand bienfait que l'application de notre système amène est, sans contredit, la suppression des agents inutiles entre le producteur des céréales et le consommateur : il n'y a et il ne faut plus qu'un seul intermédiaire, le seul nécessaire, indispensable, le Meunier-Boulanger.

On doit donc réaliser de grandes économies par l'emploi d'un système aussi rationnel que celui dont nous proposons l'application.

De plus, les recherches auxquelles nous nous sommes livrés nous ont permis de simplifier singulièrement l'emploi des machines et appareils : en quelques jours, un homme d'une intelligence médiocre peut parfaitement diriger une manutention rationnelle; quelques heures suffisent à une personne intelligente pour apprécier pratiquement l'emploi des appareils; la description que nous faisons suivre complétera, pour nos lecteurs, l'idée qu'ils se seront formée de nos moyens d'action.

Notre système de panification est basé sur la production d'une force motrice produite par l'utilisation du calorique, qui se perd habituellement.

Les dimensions de nos appareils étant variables, la puissance vaporisante a été réglée suivant chaque dimension.

Nous avons jugé convenable d'arrêter nos modèles à trois dimensions, savoir :

1° Four pour effectuer la manipulation de 8 à 10 hectolitres blé par vingt-quatre heures, possédant une puissance motrice de trois chevaux-vapeur;

2° Four pour manipuler de 10 à 18 hectolitres par vingt-quatre heures, avec générateur de quatre chevaux;

3° Four pour manipuler de 18 à 26 hectolitres, possédant un système de générateur de six chevaux-vapeur.

Notre système de générateur est un perfectionnement important apporté dans cette partie de la production de la force motrice; son principal mérite est de pouvoir être facilement réparé ou nettoyé, sans devoir exiger la stagnation du travail : sa simplicité d'exécution, et partant, son prix peu élevé, en complètent les avantages.

Le mode d'utilisation de la force produite présente aussi de grands perfectionnements, en ce sens que les arbres de couche et de transmission deviennent inutiles. Dans les usines établies d'après notre méthode de travail, chaque appareil est muni de son moteur; cette disposition nouvelle, outre qu'elle économise de 15 à 20 0[0 de frais de combustible, n'augmente en rien les frais d'établissement et diminue les chances d'accident.

Dans les manutentions où il y aura une batteuse, le blé sera, après son battage, emmagasiné dans les réservoirs faisant partie du système de panification; les céréales y seront soumises à un mode d'aérage, de déplacement et de ventilation, qui assure le blé contre les ravages des charançons et autres insectes nuisibles, et les dangers de la fermentation ou de l'échauffement, tout en maintenant les céréales dans un état de température qui empêche les pertes, qu'il faut prévoir et éviter avec le plus grand soin dans une usine bien établie.

Lorsque la manutention se trouve dans des conditions à n'avoir point l'emploi d'une batteuse, dans presque toutes les manutentions urbaines, par exemple, le blé est préalablement dépouillé des matières hétérogènes et nuisibles qu'il renferme habituellement, et il est placé directement dans des conservateurs dont nous venons de parler.

Au fur et à mesure des besoins, et d'une manière facile à régler, le blé est conduit directement en mouture, si c'est une manutention dans laquelle il est tenu moins compte de la blancheur du pain que de sa valeur nutritive; si, au contraire, c'est une question capitale que d'obtenir des farines très blanches, le blé est préalablement conduit dans un tarare spécial et ensuite dans un appareil de décortication, qui lui donne le degré de dépouillement d'écorce qu'il convient à l'industrie d'obtenir.

---

# CHAPITRE III.

## DU FOUR GÉNÉRATEUR A VAPEUR.

La base principale du système de panification que nous avons expérimenté avec succès est la production simultanée de la chaleur nécessaire à la cuisson du pain et la production économique d'une force motrice nécessaire à tous les besoins d'une manutention.

Nous nous sommes arrêtés à trois modèles de manutention pour pouvoir produire 1,000, 2,000 et 4,000 kilogrammes de pain par vingt-quatre heures de travail suivi. Les plus humbles communes, comme les cités les plus populeuses, pourraient être également favorisées par la production du pain au plus bas prix possible : ces trois modèles sont calculés pour produire 3, 4 et 6 chevaux-vapeur.

Chaque four est placé au-dessus d'un foyer qui est chauffé, suivant les localités, au bois, à la houille ou à la tourbe; plusieurs années d'expérience ont prouvé la parfaite cuisson et l'extrême économie de cet appareil, les produits en sortent propres, sains, exempts de cendre, de charbon et de poussière.

Notre système de production de force motrice est basé sur ce principe si important, qui consiste à retirer de la chaleur le maximum de travail possible, en d'autres termes, à faire fonctionner la vapeur surchauffée à son plus haut degré de température,

Depuis quelques années, les plus grands physiciens se sont livrés à l'étude de cette importante question; M. Regnault en France; MM. Joule, Thomson et Rantzine en Angleterre; Mayer et Closius en Allemagne, ont présenté des résultats sérieux sur cette théorie remarquable sous plusieurs rapports.

M. Regnault a prouvé, par le calcul et par l'expérience, que, dans une machine à vapeur du système ordinaire, marchant à 5 atmosphères, sans condensation, on ne profite réellement que du quarantième environ du calorique transmis par le feu à l'eau; si la machine est à condensation, le résultat utile est à peine du vingtième.

Un ingénieur très-distingué, M. Belleville, a été autorisé à effectuer des expériences, à bord d'un navire de l'Etat, *la Biche*, sur un système nouveau de production de vapeur. Ce genre de générateur a présenté jusqu'ici d'excellents résultats; on ne peut donc qu'applaudir à cette initiative.

Notre système diffère essentiellement de celui qui fonctionne sur ce navire; nous avons considérablement simplifié ce système de génération, en permettant de fractionner le générateur en un grand nombre de parties indépendantes, en en facilitant le démontage et les réparations, en soumettant la vapeur à une température très-élevée, au moment où elle va agir utilement, et enfin, en diminuant considérablement le prix de revient de ces générateurs, qui ont l'immense avantage d'être à l'abri de toute explosion.

Entre la voûte du foyer et la grille se trouvent disposés en arc de cercle un certain nombre de tubes en fer étiré et résistant à plus de 70 atmosphères de pression; la longueur et le diamètre de ces tubes sont calculés sur la surface de chauffe nécessaire à la production de la force indispensable aux machines de chaque modèle.

Les tubes sont fermés aux extrémités par une solide garniture; chacun de ces tubes est fixé au moyen d'une clef dans la calotte ou garniture au bâtis qui sert de support au réservoir d'eau et de vapeur.

Une pompe alimentaire (planche 8), mise en mouvement par la main dès le premier moment de la marche et mue ensuite par un petit cylindre d'un demi-cheval, injecte un léger filet d'eau dans chacun des tubes; ce filet d'eau est instantanément converti en vapeur de 4 à 6 atmosphères; le produit de la vapeur formée dans chaque tube vient se réunir dans un réservoir garni de ses soupapes de sûreté et de son manomètre; plusieurs robinets d'emprise, fixés sur le réservoir, servent à conduire la vapeur sur chaque appareil qui doit être mis en mouvement, chacun d'eux ayant un piston-cylindre proportionné à la force nécessaire au travail de la machine.

Au centre de l'arc formé par les tubes ordinaires, se trouve placé un tube du diamètre double de ceux dont il est fait usage pour la production de la vapeur; il ne reçoit point d'alimentation d'eau : un tube du diamètre ordinaire est placé à l'intérieur, et jusqu'à son extrémité; ce tube amène la vapeur qui a été formée par tous les autres : le robinet d'emprise étant placé sur le gros tube, la totalité de la vapeur repasse au-dessus du foyer au moment même qu'elle va utilement agir dans le cylindre.

Ce mode d'opérer supprime les arbres de transmission, les chaînes, les roues dentées, les poulies, les courroies, etc., etc.; les calculs que nous avons faits avec soin nous ont démontré qu'à prix égal il y avait grande économie en faveur de ce système d'utilisation de la force motrice. Plusieurs des appareils du système, hors le moulin, ne fonctionnent qu'à de longs intervalles et pendant peu de temps; il suffit donc, soit de ralentir le mouvemeut, soit de donner un temps d'arrêt lorsqu'il y aura un surcroît de travail à opérer.

Outre la suppression des nombreux frottements que cette méthode amène, il y a infiniment moins de dangers à craindre pour le personnel. Les tubes conducteurs de la vapeur sont disposés de manière à ne gêner en rien la marche du service.

Le four, ainsi que le système de génération de la vapeur, sont supportés par trois voûtes, dont deux servent de fermentateurs pour la pâte en masse et celle en pannetons; la troisième, celle du centre, sert de cendrier; elle se prolonge comme les deux autres, mais elle est séparée par une cloison aux deux tiers de sa longueur.

L'enveloppe extérieure, ainsi que les voûtes, sont construites en briques de bonne qualité; le foyer et sa voûte sont garnis en réfractaires; l'âtre du four est en carreau de terre tendre, et la chapelle est en fonte vitrifiée et formée de compartiments rapportés et boulonnés.

Le dessus de la chapelle est destiné à servir de circulation au gaz et à l'air chaud. Des conduits formés de briques creuses servent à supporter le massif de terre qui doit conserver le calorique à cette partie importante du système.

Des carneaux destinés au nettoyage sont disposés de chaque côté du four, qui doit, autant que possible, se trouver isolé sur tous ses côtés.

Plusieurs registres sont placés au-dessus du four pour le régler; un manomètre à dilatation détermine rigoureusement la température pour guider à l'enfournement.

La bouche d'enfournement du four est d'une construction toute particulière; elle permet d'isoler entièrement le four dans lequel se cuisent les produits, tout en empêchant dans celui-ci l'entrée de la fumée et des gaz méphitiques.

A la partie antérieure du four se trouve un boîte en fonte, garnie d'un verre épais, d'un réflecteur et d'une lampe destinée à éclairer l'intérieur du four. Un petit tube amène l'air nécessaire et un autre tube conduit au dehors la fumée produite par la combustion.

# CHAPITRE IV.

## DES MACHINES A BATTRE LE BLÉ A LA VAPEUR.

Dans chaque manutention rurale, il existera une machine à battre le blé à la vapeur ; tout le monde est à même de vérifier l'utilité de cette découverte. En grande partie, la cherté du blé est attribuée au manque de bras pour effectuer le battage ; dans beaucoup de contrées, le blé qui, année commune, est battu à raison de 50 cent. l'hectolitre, a été payé, ces derniers temps, 1 fr. à 2 fr. ; soit une augmentation de 2 à 300 p. 100, sur le prix ordinaire du battage.

Le système de batteuse de blé à la vapeur que nous proposons à l'appréciation du public est celui qui présente le plus d'analogie avec le travail de l'homme par l'action du fléau. Chacun sait que l'emploi des batteuses à vapeur n'a pas pris une extension encore très grande depuis leur invention, parce que plusieurs prétendus défauts en quelque sorte inhérents à toute machine nouvelle, et la routine aidant, sont venus exagérer les défauts des nombreuses machines à battre le blé qui ont été proposées : ainsi, aux uns on reproche de trop briser la paille, aux autres de ne pas extraire la totalité du grain contenu dans les gerbes ; à celles-ci d'exiger un trop grand nombre d'aides, d'auxiliaires ; à celles-là d'être d'une dimension trop étendue, d'une conduite trop compliquée, de réclamer trop de soins, trop de frais, trop d'entretien, etc., etc., etc.

Nous croyons avoir réussi à améliorer quelques-unes des fâcheuses conditions que l'on reproche avec raison aux machines à vapeur à battre, qui fonctionnent actuellement. Nous avons ajouté à nos machines à battre un appareil pour botteler les gerbes : cet auxiliaire est de la plus grande utilité ; il réduit de plusieurs hommes le personnel habituellement indispensable pour le service d'une machine à battre le blé à la vapeur.

Une description très-succincte d'une machine à vapeur à battre le blé, montée sur un train qui permettra de la conduire partout où on le voudra, donnera à nos lecteurs une idée des avantages que l'emploi général de ce genre d'appareil doit réaliser. Il coule de source que, dans les manutentions qui auraient l'emploi d'une batteuse fixe, le train de support est supprimé ainsi que le générateur puisque la force motrice serait fournie par le four générateur.

La machine à vapeur qui doit faire agir l'appareil à battre est de la force de deux chevaux vapeur ; le générateur, qui présente une surface de chauffe de 2 m. 50, est établi, d'après notre système spécial tubulaire, à injection intermittente, ne possède pas de bouilleur comme la plupart des autres appareils. Cette disposition permet de réunir le foyer et le générateur dans un espace de 0,50 de hauteur et de largeur sur 1 m. 50 de longueur. Le piston, qui est soit oscillant avec une distribution à disque qui supprime toute fuite, soit horizontal, est construit avec la plus grande simplification d'ajustages. Sur le train même, et à chacun des côtés du générateur, se trouvent deux réservoirs qui contiennent, l'un le combustible nécessaire à un travail de dix heures, l'autre l'eau d'alimentation du générateur, dont une notable partie est condensée et profite du rayonnement de la chaleur qui n'a pas été utilisée à la production directe de la vapeur.

Inutile de dire que toutes les précautions ont été prises pour prévenir les incendies. L'extrémité de la cheminée et le cendrier sont garnis d'une toile métallique qui empêche la sortie d'une étincelle même.

L'aérage du foyer se fait par des conduits en retour, de même que le tirage de la cheminée.

A la partie antérieure du train, qui a 2 m. 50 de longueur, se trouve placée la machine à battre, qui est composée de 4 à 6 cylindres en bois, munis à chaque extrémité d'un axe qui est placé dans une ouverture circulaire, prise à l'extrémité d'une règle de fer mi-plat, mince de 1 20 à 1 80 de longueur, suivant la dimension de la batteuse. A environ 0,30 de l'autre extrémité de la règle de fer, se trouve un arbre placé, au moyen de coussinets, au-dessous de la table de la batteuse.

L'arbre de la machine à vapeur est muni, à chaque bout, de deux cônes ayant autant de dents d'arrêt qu'il y a de fléaux batteurs. Ces fléaux sont successivement soulevés par l'action des cônes, et tombent, par leur poids, sur la paille encore garnie de blé.

On comprend aisément que le second fléau est un peu moins long que le premier, et ainsi des autres. Il en est de même des règles en fer, attendu que la marche des fléaux se fait dans le cadre formé sur les deux règles et le premier fléau.

La chute répartie des fléaux sur la paille doit en faire évacuer le blé sans le briser; le battage s'exécute en quelque sorte comme avec le fléau à bras, seulement avec une rapidité bien plus grande, puisque les 4 ou 6 fléaux peuvent être soulevés chacun 120 fois à la minute, ce qui donnerait 720 coups de cylindre-fléaux sur une étendue d'environ 1 m. carré.

Le résultat de ce travail serait le battage d'environ 2 gerbes de blé, du poids de 6 kilog. chacune.

La plate-forme qui reçoit les gerbes de blé est munie, à environ 0,50 de sa partie antérieure, de la machine à botteler, qui se compose de six bras en fer courbés en forme de C, fixés par série de 3 à 10 cent. de distance chacun, sur chaque côté de la plate-forme, qui a 1 m. de largeur; au-dessous de cette plate-forme est placée une tige en fer glissant dans une rainure; cette tige doit avoir environ 2. m. 25 de longueur, et être munie à chaque extrémité d'une poignée, près de laquelle se trouve un ressort, qui peut être fixé à volonté près des fers courbés en C; au centre de la tige on fixera deux fers également courbés, mais en forme de X, séparés de 0,20, de manière à venir se placer entre les deux intervalles qui se trouvent entre les trois fers en C placés sur les côtés de la plate-forme.

La marche de cet accessoire est facile à comprendre : aussitôt que la gerbe est dépouillée complétement de son grain, il suffit d'attirer à soi la tige qui porte les deux X; un des côtés de ces X, faisant l'office de bras, vient presser la paille qui est arrêtée par les trois fers courbés en C, qui sont fixés sur les bords de la table ; le ressort maintient la tige dans une position fixe jusqu'à ce que l'on ait placé les liens qui doivent serrer la botte de paille.

La même opération a lieu du côté opposé : la même tige qui vient de serrer la paille peut remplir le même service de l'autre côté, par suite de la position des fers en X, qui permettent de serrer successivement des deux côtés de la table ou plate-forme.

Au-dessous de la place qui reçoit le choc des cylindres, des rainures ont été pratiquées pour faciliter l'écoulement du blé dans un appareil à nettoyer, par le brossage et par la ventilation ; les menues pailles et les matières hétérogènes sont rejetées au dehors, dans une caisse disposée à cet effet ; le blé propre qui vient d'être extrait de la paille est, après avoir été parfaitement épuré, versé dans des sacs pour l'emmagasiner.

Plusieurs agronomes distingués, plusieurs propriétaires ruraux intelligents, ont si bien compris les avantages de ces appareils, qu'ils se sont décidés à acquérir des batteuses à vapeur ; elles leur servent à faire face à tous leurs travaux, et ils les envoient ensuite, dans le canton, effectuer le battage chez les fermiers et cultivateurs. Les uns et les autres s'en trouvent bien : le propriétaire de la machine, recevant une indemnité convenue à l'avance par quantité déterminée, trouve un grand avantage de la la masse de travail que sa machine peut produire en un très-court espace de temps ; le fermier ou le cultivateur, de leur côté, ont avantage de ne plus être arrêtés par le manque de bras, comme cela a lieu dans un grand nombre de communes, et de voir, en quelques heures, leur récolte prête à être mise au grenier ou à être envoyée au marché : le battage a coûté beaucoup moins et a été fait bien plus rapidement que par l'ancienne méthode.

Nous espérons qu'un plus grand nombre de machines à vapeur à battre pourront, dans un avenir peu éloigné, être mises en exploitation dans toutes les contrées agricoles : chaque canton devrait en avoir au moins une, qui serait successivement dirigée sur les divers points du territoire. Le prix de ces machines n'est pas assez élevé pour qu'il soit un obstacle sérieux à leur vulgarisation.

Voici les dépenses et les recettes approximatives d'une machine à vapeur à battre le blé, qui fonctionnerait quatre mois de l'année à raison de quatorze heures par jour :

*Dépenses.*

| | | fr. | c. |
|---|---|---|---|
| 2,500 | fr., prix d'achat de la machine. — *Intérêt à* 6 0/0. | 150 | » |
| 15 | 0/0 pour frais d'entretien et de renouvellement. | 375 | » |
| 5,000 | kilog. de houille à 2 kilog. par cheval et par heure au prix de 35 fr. les 100 kil. | 210 | » |
| 150 | journées de mécanicien conducteur à 6 fr. | 900 | » |
| 240 | journées de manœuvres à 1 fr. c. | 360 | » |
| | Frais de traction pour un cheval, harnais, etc. | 200 | » |
| | Frais divers, dépenses imprévues. | 5 | |
| | Total des dépenses. | 2,200 | » |

*Recettes.*

La machine battant deux gerbes de 4 kilog. par minute, produira 84 hectolitres par quatorze heures de travail, soit à 50 cent. l'hectolitre : 42 fr. par journée; soit pour 120 journées. . . . . . . . . . . . . . . . . . . . . . . . . . . 5,400 »

La dépense étant de. . . . . . . . . 2,200 »

Il y aurait un bénéfice net de. . . . . 3,200 »

que l'on pourrait porter à 3,000 fr. nets pour ne pas être taxé d'exagération.

Il est à observer que le propriétaire de la machine a, en outre, à sa disposition une machine locomobile-motrice de deux chevaux-vapeur (soit plus de quatorze hommes de force), lesquels peuvent être utilisés pour une foule de travaux qui ne manquent jamais dans une exploitation rurale de quelque importance.

L'intérêt du capital, les frais d'entretien et de renouvellement étant établis en dépense pour une année entière, il y aurait lieu à utiliser la machine, pour d'autres travaux, pendant près de *huit* mois de chaque année.

Cette importante question de battage du blé préoccupe, à juste titre, bon nombre d'esprits observateurs.

La plupart des appareils de ce genre qui existent aujourd'hui, et qui ont tous été examiné attentivement par nous, présentent chacun des améliorations qui sont un progrès réel, mais il restait encore à faire pour rendre la batteuse ce qu'elle doit être pour en propager l'emploi général.

---

## CHAPITRE V.

### DU NETTOYEUR DES CÉRÉALES OU TARARE.

Aussitôt que le blé a été dépouillé de la paille ou qu'il arrive du port de débarquement, il est introduit dans la manutention au moyen d'un tire-sacs; immédiatement après la constatation de son poids, il est versé dans une vaste trémie, placée à la partie supérieure du bâtiment et à proximité du tire-sacs. Cette trémie communique par un conduit métallique avec un nettoyeur ou tarare : ce nettoyeur est formé d'une caisse rectangulaire montée sur un bâtis; au-dessus de la caisse se trouve une trémie dont la partie antérieure communique avec un tambour conique en toile métallique. Ce tambour est agité d'un mouvement de rotation de 30 tours environ à la minute; au centre du cône se trouve placée une tige creuse divisée en deux parties, entre lesquelles on introduit des fils d'acier très fins et de grande élasticité; le mouvement de cette tige est d'environ 180 tours à la minute : le blé, introduit par le sommet du cône, qui est placé verticalement, suit la pente formée par cette disposition, les impuretés s'échappent en-dessous, et la brosse métallique achève de dépouiller le blé des impuretés de toute nature dont il est quelquefois couvert.

Au dessous de ce cône se trouve une rigole en feuilles minces de tôle, inclinée à 30°; de chaque côté de la rigole, la feuille de tôle est relevée et forme de nouveau deux conduits inclinés à 30° mais le sommet de l'angle se trouve du côté opposé de celui de la première rigole.

Outre le conduit ou rigole il existe un puissant ventilateur, formé de deux parties distinctes afin d'en varier la vitesse. On conçoit que le blé pur sort par un conduit, et que les impuretés, chassées au dehors par la ventilation, sortent de l'appareil par les deux conduits disposés à cet effet.

---

## CHAPITRE VI.

### DE LA DÉCORTICATION.

La décortication a pour but d'enlever au blé la substance ligneuse qui enveloppe les principes qui forment sa base, afin de faciliter la mouture et d'arriver à la fabrication de produits plus parfaits que ceux qui s'obtiennent sans cette opération.

La décortication s'opère généralement en humectant légèrement la masse de blé qui doit subir ce dépouillement d'enveloppe : cette méthode facilite le travail, mais malheureusement elle a le grave désagrément de laisser des points noirs sur le grain de blé, qui occasionnent à la farine une teinte noirâtre qui lui ôte de la valeur.

Le système de décortication que nous avons essayé donne de très bons résultats : au lieu de mouiller le blé, comme cela se pratique, nous laissons séjourner le blé dans un cylindre en bois, diminutif du conservateur ; un tube en tôle perforée, qui le traverse, est muni d'un régulateur pour échappement de la vapeur employée après la marche du moteur; on laisse ensuite entrer la vapeur dans le cylindre suivant les besoins du travail et la disposition atmosphérique.

Le mécanisme qui produit l'enlèvement de la pellicule du blé se compose d'une paire de meules coniques en bois dur, garnie chacune d'une enveloppe de tôle percée irrégulièrement et aciérée. Ces deux meules, marchant en sens inverse, exécutent environs 130 tours à la minute.

Un ventilateur enlève les pellicules et les chasse hors du bâtis du moulin à décortiquer.

Deux cylindres en acier fondu, garnis de rainures hélicoïdes, parfaitement régulières, ayant un mouvement inverse par rapport à la position de l'hélice, agissent sur les blés qui viennent d'être décortiqués, le concassement qui est le résultat de ce travail contribue à opérer une plus grande masse de travail.

---

## CHAPITRE VII.

### DU CONSERVATEUR DES CÉRÉALES.

Aussitôt que le blé est purifié il est conduit dans un des conservateurs de la manutention.

Nous croyons inutile d'entrer dans des détails sur l'utilité d'un bon mode de conservation du blé ; après avoir étudié le grand nombre de systèmes qui se sont produits, ces derniers temps, nous nous sommes décidés à maintenir, pour l'usage des manutentions qui seront établies par nous, le conservateur que nous croyons le plus rationnel et en même temps le plus économique sous tous les rapports.

Notre système de conservateur se compose d'un grand cylindre dont le diamètre varie de 2 mètres à $4^m$, 50, sa hauteur est de 4 à 6 mètres, il peut être construit indifféremment en tôle percée ou en douves en bois garnies de $0^m$,20 en $0^m$,20 en tous sens, d'une feuille de toile métallique : au centre du cylindre se trouve un tube en tôle de $0^m$,15 à $0^m$,25 de diamètre, dépassant le cylindre de 3 à 4 mètres. Ce tube d'aérage est destiné à recevoir, à $0^m$,30 de distance des tuyaux en tôle percée de la longueur du rayon, et inclinés à 15°.

A l'intérieur du cylindre et à $0^m$,75 de distance sont placées des plaques métalliques en tôle galvanisée. Ces plaques, disposées en spirales, décrivent une révolution d'hélice et servent à l'écoulement rapide du blé ; on comprend qu'à mesure de l'introduction du blé par la partie supérieure du cylindre, il descend la pente formée par la disposition hélicoïde des plaques, tombe sur une autre hélice jusqu'au bas du cylindre, où il se tasse. Le cylindre étant traversé en tous sens par des tuyaux aérateurs dans lesquels circule constamment une quantité d'air froid conduit par le ventilateur du nettoyeur, avec lequel le tube d'aérage est en rapport, le blé est ainsi aéré et il se maintient dans sa masse une température telle que l'éclosion des larves d'insectes devient impossible.

Il y a un mouvement incessant dans cette même masse de blé ; une ouverture variable, pratiquée au bas du cylindre, laisse écouler vers le décortiqueur la quantité de blé nécessaire à la mouture ; le vide que ce déplacement cause est incessamment comblé : de là une agitation incessante.

---

## CHAPITRE VIII.

### De la Mouture.

#### DES MOULINS A VAPEUR.

Depuis la plus haute antiquité, on se sert généralement de meules en pierre pour réduire le grain en farine ; des recherches nombreuses ont été faites par les sommités de la science, des publications justement estimées ont détaillé les progrès qui se sont réalisés depuis la meule brute et le pilon des Hébreux jusqu'aux splendides moulins à vapeur montés à l'anglaise que l'industrie actuelle a édifiés.

Nous n'avons à nous occuper ici que du meilleur système de mouture, qui réunit à tous les perfectionnements apportés jusqu'à ce jour une parfaite exécution de construction mécanique, une sévère économie de frais d'emploi, et un prix de fabrication qui puisse généraliser l'usage des petits moulins à vapeur.

La question de l'emploi des meules de petite dimension préférablement aux grands diamètres autrefois employés, a été l'objet des plus graves études et des plus sérieux examens. Des considérations nombreuses et concluantes nous ont fait adopter les meules de dimension moyenne pour les manutentions importantes et complètes, et les petites meules pour les manutentions peu considérables et les moulins à vapeur communaux.

Nous avons aussi adopté pour l'usage de notre système des meules d'un poids inférieur à celles habituelles.

Ainsi, en Angleterre, les meules employées dans les manutentions de l'Etat ont $1^m,20$ de diamètre; elles pèsent de 8 à 900 kilog.; elles font, en général, de 120 à 125 tours par minute, et moudent environ 180 kil. de blé à l'heure.

Aux environs de Paris, on se sert de meules ayant $1^m,40$ de diamètre, qui pèsent, avec leur équipage, environ 700 kilog. Elles font de 100 à 120 tours à la minute et ne produisent, en belle farine, que de 65 à 75 kilog. par heure.

Dans le magnifique moulin de Saint-Maur, les meules ont $1^m,10$ de diamètre, font 160 à 170 tours par minute, et ne font que de 48 à 60 kilog. de blé par heure. Ces meules ne pèsent que de 550 à 600 kilog.

Cependant, en Angleterre, dans quelques établissements particuliers, ainsi que dans le moulin à vapeur de M. Pakham, à Eu, on emploie des meules de $1^m,30$, qui exécutent de 115 à 120 tours. Ces meules moulent plus d'un hectolitre et demi à l'heure; cette farine est considérée comme étant d'excellente qualité.

M. Taffe a prouvé, il y a quelques années, qu'un moulin monté à l'anglaise pour moudre *à l'économique* 17 hect. 30 lit. par 24 heures, exige une force de près de 3 1/2 chevaux-vapeur, tandis qu'à la mouture *dite à la grosse* on obtient, pendant le même espace, 26 hect. 66 litres.

De tous les procédés de mouture, celui à l'aide duquel on peut faire la plus grande quantité de farine, dans un temps donné, c'est sans contredit la méthode américaine, qui permet de moudre en vingt-quatre heures, avec chaque paire de meules, 36, 40 et même 50 hectolitres de blé, ainsi que le constatent les épreuves qui ont été faites dans les moulins de la marine royale d'Angleterre. Tandis que par la mouture française qui exige du remoulage, on ne moud en moyenne, avec des meules de $1^m,30$, faisant 115 à 120 tours par minute, que 20 à 22 hectolitres par vingt-quatre heures; mais on ne doit pas négliger de prendre en considération que la farine obtenue par ces derniers procédés est meilleure et plus belle que celle fabriquée par la mouture américaine.

Ce qui constitue le mérite de la méthode française, c'est de permettre :

1° La réduction du blé en farine, en maintenant les meules à une distance telle, que jamais il ne se développe beaucoup de chaleur pendant l'opération de la mouture, et d'éviter que la farine ne contracte l'odeur que dégagent les meules lorsqu'elles sont mues avec une grande vitesse, ou même un goût analogue à cette odeur désagréable;

2° Le remoulage des gruaux et leur tamisage au moyen de bluteaux à secousse garnis de tissus de soie, donne toujours la possibilité d'extraire, sans le mélange de particules de son, toute la farine contenue dans le grain; c'est un avantage que n'a pas la mouture américaine, dont l'adoption rend indispensable l'emploi des bluteaux en toile métallique, dans lesquels se meuvent avec une grande célérité des brosses ayant pour inconvénient de faire passer, à travers les mailles de l'enveloppe, des parcelles de crin brisé par le frottement, qui altèrent la blancheur des farines et nuisent à leur qualité.

Dans plusieurs moulins bien dirigés qui font la mouture anglaise, en remettant le son sous les moulins : on a eu la complaisance de faire faire des épreuves ayant pour objet d'éclaircir nos doutes, et voici dans quels termes peuvent se résumer ces expériences, dont le résultat se rapproche beaucoup de ceux obtenus par M. Benoits :

Soit 100 kilog. de blé nettoyé, pesant 75 à 77 kilog. l'hectolitre.

| | | |
|---|---|---|
| 1^re^ opération, farine de blé, 1^re^ qualité . . . . . . . . . . . . . | 66 | 78 kil. |
| 2^e^ opération, gruaux, 2^e^ qualité . . . . . . . . . . . . . . . . . | 10 | |
| 3^e^ opération, bise . . . . . . . . . . . . . . . . . . . . . . . . | 2 | |

*Issues.*

| | | |
|---|---|---|
| Gros sons à 20 kil. l'hectolitre. . . . . . . . . . . . . . . . . . . . | 6 | 20 kil. |
| Petits sons à 24 kil. l'hectolitre. . . . . . . . . . . . . . . . . . . | 6 | |
| Recoupette de 28 à 30 kil. l'hectolitre. . . . . . . . . . . . . . . | 5 | |
| Remoulage de 45 à 50 kil. l'hectolitre. . . . . . . . . . . . . . . | 3 | |
| Déchet à la mouture et au blutage. . . . . . . . . . . . . . . . . | | 2 |
| Total égal. . . . . . . . . . . . . . . . . | | 100 kil. |

Ainsi un quintal de blé, déchet de mouture et de blutage compris, donne 66 kilog. de farine de la plus belle qualité (Rollet).

Il est nécessaire de remarquer que, dans toutes nos évaluations, nous n'avons pu nous baser sur les résultats des anciens systèmes de mouture, attendu que les divers perfectionnements que nous adoptons changent entièrement ces appréciations.

Dans notre travail, nous avons admis le blutage à 25 p. 100, parce que c'est la moyenne généralement admise pour la fabrication du pain blanc ; les marques de premier choix, les fleurs de farine obtenues par un blutage de 30 et 33 p. 100, après le remoulage des gruaux, ne sont guère employées par la boulangerie pour la manipulation du pain de consommation générale ; on en fabrique le pain de luxe, la pâtisserie, le pain de gruau ; cela est si vrai que, dans les temps calamiteux, comme ceux que nous passons en ce moment, il se livre généralement peu de farine de première marque, c'est sur la farine de deuxième choix que se porte la préférence des acquéreurs.

Nous n'admettons, dans nos chiffres d'évaluation, que des résultats acquis après les travaux de décorticage, de concassement, de mouture économique spéciale, et l'adoption du système d'extraction de tous les principes nutritifs contenus dans les sons et basses matières. La disposition constante de force motrice, de vapeur et d'eau chauffée rend possible l'emploi de ces divers procédés, qui, réunis, produisent incontestablement d'immenses réductions sur le prix du pain.

Au reste, tout praticien sait que c'est en partie au travail bien exécuté que l'on est redevable de la blancheur du pain, et nous pourrions citer maintes boulangeries qui emploient des farines deuxième choix, dont le pain n'a pas cette belle apparence et cette blancheur que l'on remarque chez d'autres boulangers qui achètent cependant des farines de la même qualité.

L'étude attentive et suivie des divers mécanismes et appareils de mouture nous a permis d'apporter de notables améliorations dans cette partie si importante de notre système complet de panification. Nous allons désigner succinctement les principales modifications reconnues utiles :

1° L'adoption de meules infiniment plus légères; la meule courante de 1m,10 ne pèse pas plus de 450 kilog. ;

2° Un système nouveau de rayonnage, lequel offrant une plus grande surface agissante sous un plus petit volume, exige cependant moins de force pour obtenir une mouture plus parfaite ;

3° Un système d'aérage pendant la mouture, tout en empêchant la perte des principes volatils du blé les plus riches en matières nutritives ;

4° La construction de beffrois solidaires et d'une parfaite stabilité, disposés pour recevoir tarare, décortiqueur, bluterie perfectionnée ;

5° La création d'un nouveau pignon commandant la meule courante ; ce pignon, dont les huit dents en bronze sont rendues mobiles, n'exige plus que les 3[5 de la force qui est nécessaire dans les autres moulins ;

6° La marche directe des meules par l'arbre de la machine à vapeur, soit par la grande roue de commande, soit par des poulies à courroies : économie de plus de 10 p. 100 par suppression du frottement des arbres de transmission, crapaudines, chaînes, supports, etc., etc.

Enfin, 7° construction particulière de moulins à vapeur complets, dont la disposition générale permet de livrer au commerce des moulins mus par la vapeur à des prix aussi réduits que des moteurs hydrauliques, et à de bien meilleures conditions que des moulins à vent.

Les expériences qui ont été faites sur le système de mouture ont donné les résultats suivants, au moyen d'une machine à vapeur de notre système, calculée sur deux chevaux-vapeur.

Force effective, 2 chevaux, au frein de Prony.
Nombre de coups de piston, 45 à la minute.
Course du piston, 0m,30.
Diamètre du cylindre, 0m,14.
Nombre de dents de la roue de commande, 32.
Nombre de dents mobiles du pignon, 8.

Vitesse de la meule à la minute, 160 tours.
Diamètre de la meule, 1m,05.
Nature du blé moulu : tendre indigène.
Sans décortication
Quantité moulue à la grosse par heure, 85 kilogr.

La mouture et le travail du blé dur de l'Algérie peuvent être facilement exécutés par notre système de moulins à vapeur ; le rayonnage spécial est très avantageux au travail des essences dures. Le remoulage et la mouture spéciale peuvent aussi être facilement traités.

L'adoption des moulins à vapeur de notre système sera d'un immense secours pour les communes rurales, qui, très souvent, sont entravées dans leur alimentation, soit par la sécheresse, soit par la crue des eaux, qui arrêtent les travaux de mouture et occasionnent ainsi une cherté momentanée du pain et des objets de toute nécessité.

Les meules qui sont employées par nous sortent de la maison si honorable de MM. Gueuvin-Bouchon, de la Ferté-sous-Jouarre. Nous trouvons dans l'excellente qualité de ces meules une garantie qui assure la parfaite exécution de cette partie si importante du service des manutentions.

Une disposition spéciale des bluteries les assure contre les détériorations qui nécessitent de si fréquentes réparations : les soies sont toutes de premier choix ; les manutentions communales peuvent employer des bluteaux métalliques, dont la durée est indéfinie.

---

# CHAPITRE IX.

## DES MOULINS A VAPEUR POUR MOUDRE LE RIZ.

L'autorisation que le Gouvernement vient d'accorder à un boulanger de Paris, M. Tinarran, d'introduire dans la fabrication du pain blanc une certaine proportion de riz a éveillé chez un grand nombre de personnes l'idée de solliciter des autorités locales une permission de ce genre.

L'autorité, à Rouen, après avoir fait examiner le pain produit d'après ce système, n'a pas cru devoir jusqu'ici autoriser cette pratique, ensuite du rapport de M. Girardin, professeur de chimie, travail sur lequel nous reviendrons dans le cours de cet ouvrage, pour reconnaître la haute portée de ce rapport et pour prouver que, par l'adoption de notre principe de *la vente du pain à prix de revient*, la fabrication du pain de mélange doit être non-seulement permise, mais encouragée autant qu'il sera possible.

De nombreuses expériences exécutées par nous en 1846 et 1847 sur l'emploi du riz, soit en le faisant bouillir, le tamisant ensuite et le mêlant à la pâte, soit en le réduisant en farine, le faisant macérer et le manipulant après, soit enfin par divers autres procédés ayant pour but d'en former des produits agréables au goût et avantageux pour l'organisme, nous n'avons reconnu qu'une seule méthode bonne, simple, sûre et praticable.

Le riz doit être parfaitement moulu, et ensuite remoulu, afin de le réduire en une poudre impalpable, obtenue par le blutage. Le mélange se fait à sec, avec la farine de blé, dans la proportion de 10 à 15 0/0. Le système de délayage, de frasage et de contre-frasage est le même que pour la panification ordinaire; seulement la pâte doit être traitée plus activement et avec plus de force. Le travail du pétrisseur mécanique est indispensable pour cet objet.

Voici les résultats qui ont été souvent obtenus :

| | | |
|---|---|---|
| Farine de blé tendre du Nord, blutée à 25 0/0. . . . . . . . . . | 85 | 100 kil. |
| Farine de riz de Caroline brisé. . . . . . . . . . . . . . . . | 15 | |
| Production en pain d'un kilog.. . . . . . . . . . . . . . . . . | 145. | |

Ce pain est d'une parfaite nutrition ; avec des riz et des farines de qualité supérieure, on obtient un pain excellent, beaucoup plus léger et infiniment préférable à celui produit par l'emploi du riz réduit en bouillie.

La fig. 1, planche VI, donne le dessin d'un petit moulin à riz, avec sa bluterie et le remoulage, le tout mû par une machine de la force d'un cheval-vapeur. Les frais d'établissement de cet appareil ne sont pas considérables. Son entretien et sa mise en marche, ainsi que la méthode la plus simple, sont indiqués dans une instruction spéciale.

# CHAPITRE X.

## DE L'EXTRACTION DE TOUTES LES MATIÈRES NUTRITIVES ET PANIFIABLES CONTENUES DANS LE SON ET ISSUES DE BLÉ.

De temps immémorial, dans quelques localités de la France, on avait pour coutume, surtout lorsque la disette des grains se faisait sentir, de faire bouillir le son dans une certaine quantité d'eau, de filtrer, de presser la masse et de se servir de l'eau pour la panification.

L'inconvénient de ce mode d'opérer réside en ce que la fécule est dénaturée ; qu'une grande partie s'attache au son, et que la liqueur, dans le temps qui précède son emploi, tourne souvent à l'acide, ce qui rend le pain de mauvaise qualité.

Cependant les expériences faites en 1770, en présence du ministre de la police, constatèrent que l'on obtenait par ce moyen une augmentation en poids de un cinquième à un quart; que le pain était de meilleure qualité que le pain ordinaire, et pouvait se conserver frais pendant plus longtemps.

En 1789, l'illustre Parmentier écrivait ce qui suit :

« Il est cependant un moyen de ne rien perdre, de retirer du son tout ce qui procure du pain en séparant le peu de farine qu'il contient encore à la faveur de l'eau, sans employer le feu...

» On mettra le soir, la veille de la cuisson, le son à tremper dans l'eau, qui pendant la nuit pénétrera toute l'écorce, détachera insensiblement la matière farineuse et généralement tout ce qu'elle peut avoir de nourrissant. Le lendemain matin, on réunira le son que l'on pressera entre les mains pour achever la séparation de la farine et ne laisser que le bois. On pressera l'eau ainsi chargée à travers une toile forte ou un tamis de crin, et elle pourra servir au pétrissage de la pâte.

» Cette méthode de séparer par le lavage la farine qui adhère obstinément au son, malgré les efforts du meunier et l'exactitude de la bluterie, ne peut être comparée à celle qui a été tant vantée, et qui consiste à faire bouillir le son dans l'eau pour en employer la décoction au pétrissage de la pâte. Le pain qui résulte de la première méthode a meilleur goût, est mieux levé et plus abondant; d'ailleurs, le son qui a été macéré dans l'eau froide, peut resservir encore, étant mélangé avec du son pur, pour les bestiaux, qu'il faut remplir ou rassasier encore plus que nourrir. »

En 1833, le savant docteur Herpin a publié sur cet objet un travail qui se termine par les conclusions suivantes :

« 1° Que l'enveloppe ou la partie du blé forme à peine un vingtième du poids du grain ;

» 2° Que néanmoins, par les bons procédés ordinaires de mouture, le blé produit le quart de son poids en sons ou issues;

» 3° Qu'on laisse aujourd'hui dans le son plus de 75 p. 100 en poids de substances nutritives;

» 4° Qu'au moyen d'un procédé très facile, d'un simple lavage à l'eau froide, on peut retirer immédiatement du son 50 p. 100 ou moitié de son poids de substances nutritives, savoir : 23 à 25 p. 100 à Paris (et 23 à 50 p. 100 en province) de fécule ou amidon très blanc, et 22 p. 100 d'extrait sucré qui reste dissous dans l'eau de lavage. Cette eau peut très bien servir pour la préparation du pain, de la bière et des boissons économiques; on peut en extraire une quantité notable d'eau-de-vie par la distillation ou la convertir en sirop;

» 5° Qu'on peut ainsi retirer du blé 15 p. 100 de pain de première qualité en plus de ce qui s'obtient maintenant;

» 6° Qu'en portant à 100 millions d'hectolitres la quantité de céréales que l'on consomme en France, on pourrait obtenir de la quantité de blé qui se consomme chaque jour, une augmentation de plus de 3 millions de kilog. ou 6 millions de livres de pain par jour : ce qui offre une ressource assurée contre le fléau des disettes, et représente une valeur de plus de 160 millions de francs par année. »

M. Rollet, directeur des substances de la marine, a réalisé un système complet de lavage et d'extraction des sons. Seulement, ces appareils ne sont pas à la portée de l'industrie particulière. Des expériences nombreuses, faites au moyen d'agitateurs, de machines dues entièrement à cet habile administrateur, ont prouvé les nombreux avantages de cette importante opération.

L'emploi de l'eau à 40 degrés centigrades, l'usage de frotteurs et d'agitateurs rendent inutile une macération longue et dangereuse pour la qualité des produits.

Parmi les nombreux rapports des différentes commissions qui ont été nommées pour examiner les résultats obtenus par M. Rollet, nous citons les conclusions du rapport de la commission nommée par M. le préfet de la Seine, commission qui se composait de MM. Féron, directeur de la boulangerie des hospices; Pommier, rédacteur du journal des *Arts agricoles*, expert de la ville de Paris; Bolland, expert de la ville de Paris, et Salone, maître-boulanger des hospices.

Voici les termes de ces conclusions :

« Il résulte naturellement des procédés employés par M. Rollet que la farine épurée d'une plus grande quantité de sons et de basses matières, est plus blanche et produit par conséquent du pain plus blanc ;

» Que les sons, dépouillés par le lavage de presque toutes leurs matières farineuses, ne sont peut-être plus propres à l'emploi auquel on les destine habituellement;

» Que l'eau qui a servi à traiter les sons, et qui se trouve surchargée de matières amilacées en suspension, augmente encore la blancheur du pain; mais la mise en pratique de ce procédé ne nous semble pas pouvoir recevoir, quant à présent, d'application utile dans la boulangerie des hospices, qui n'emploie aujourd'hui que des farines blutées » (1).

*Extrait du Rapport de la Commission nommée par les Ministères de la Guerre et de la Marine.*

« Nous avons, de plus, reconnu que les sortes de pain confectionnées d'après les procédés de M. Rollet étaient, quant à la blancheur et au développement de la pâte après cuisson, de beaucoup supérieures au pain fabriqué suivant les réglements de l'administration de la marine. »

L'emploi de ce procédé perfectionné d'extraction des matières panifiables des sons et issues, est des plus praticables dans les manutentions établies d'après notre système; la force motrice, qui est toujours produite en quantité supérieure aux besoins de l'usine, peut être employée en partie pour la mise en marche des agitateurs et des brosseurs; en outre, les deux chaudières qui sont annexées aux fours générateurs permettent au manutentionnaire d'avoir toujours à sa disposition l'eau à la température convenable pour exécuter le travail du lavage et de l'extraction.

Les bénéfices considérables qui doivent nécessairement résulter de l'emploi de ce moyen pour tirer le meilleur parti possible des sons et issues, feront adopter, dans toutes les manutentions de notre système, un perfectionnement réel et peu dispendieux.

Fig. 2, pl. VI. Un système complet de lavage et de brossage des sons et issues. Comme on le voit, le mécanisme en est très simple et son installation peu dispendieuse; il se compose d'une cuve A, avec un agitateur destiné à remuer le son mis en macération. Un conduit B communique avec un tonneau dans lequel passe, par le centre, un arbre en bois dur garni de brosses et de tiges. Un mouvement de rotation très rapide est imprimé à cet arbre, et les sons sont brossés et triturés en tous sens; un conduit laisse écouler les sons et le liquide dans une presse à levier; un baquet reçoit ensuite l'eau surchargée de matières très nutritives et avantageuses à la panification.

Cet appareil n'exige d'autres soins que ceux d'une extrême propreté ; c'est dans ce but que le démontage en a été rendu très facile.

---

# CHAPITRE XI.

## DE LA BOULANGERIE PROPREMENT DITE.

La partie si importante de la fabrication du pain proprement dite est pratiquée d'une manière différente dans presque chaque localité; cet état de choses est d'autant plus regrettable, qu'il influe considérablement sur l'alimentation, et, par suite, sur l'état sanitaire de la population. En effet, il coule de source qu'une fabrication exécutée entièrement dans de bonnes conditions de travail et d'hygiène, produira toujours une substance plus nutritive, plus saine, et d'une digestion plus facile que celle qui sera faite sans tenir compte des principes les plus élémentaires. Malheureusement, dans la plupart des boulangeries, et dans les ménages mêmes où l'on doit se livrer à la panification, le pain est fabriqué dans des conditions déplorables sous tous les rapports.

Bien que nous n'ayons pas l'espoir de voir notre système appliqué d'une manière aussi étendue, nous sommes persuadé que son emploi, outre l'économie qu'il doit réaliser, viendra aussi améliorer les

---

(1) Cette méthode, que la Commission reconnaît bonne et utile, peut aisément être mise en pratique dans les manutentions montées d'après notre système, dans lesquelles la mouture est jointe à la boulangerie.

procédés de fabrication par l'emploi de moyens absolument mécaniques, et contre le résultat desquels le mauvais vouloir même, s'il existait, viendrait se briser.

Notre système de fermentation, qui permet de régler la température des fermentateurs, vient apporter un puissant concours au travail du praticien; ainsi, la fermentation en masse, après le premier frasage, s'opère dans un appareil qui est spécialement destiné à cet objet, dans un emplacement ménagé *ad hoc* sous une des voûtes qui supportent le four. La fermentation en corbeilles (pannetons) s'opère également sur une étagère mobile qui se place sous une voûte parallèle à celle dont il vient d'être parlé; cette nouvelle fermentation, ou plutôt la continuation de la première, est très importante, car c'est souvent de cette dernière opération complète et arrêtée à point par l'enfournement, que dépend la bonté et la beauté du produit après la cuisson.

Les boulangers reconnaissent bien que l'eau employée à 25 ou 30° donne une meilleure pâte que lorsque la température est de 38 à 40°; mais comme plus l'eau est chaude et moins le travail est pénible, il arrive parfois que l'ouvrier, exténué de fatigue, sacrifie la qualité du produit à l'obligation de ménager ses forces en faisant usage d'eau élevée à une haute température (1).

Nous n'insisterons pas longtemps sur les avantages de ne devoir plus, dans les fours de notre système, effectuer les nombreuses opérations longues, difficiles et fatigantes que le mode actuel exige, savoir :

1° La dessication préalable du bois, lequel, très souvent, est vert ou humide;

2° La combustion du bois dans l'intérieur du four;

3° Le retirage des braises;

Et 4° le nettoyage de l'âtre du four.

Outre tous les désagréments dont nous venons de parler, l'impossibilité d'effectuer un grand nombre de fournées, et, partant, l'exiguité de la production dans la même boulangerie, qui n'est munie que d'un four, vient charger une fabrication peu importante de frais de toute nature, lesquels, dans notre mode de travail et par l'emploi de notre système, viennent incomber sur un plus grand chiffre de produits. Cette économie qui est réalisée ainsi, vient en définitif profiter en partie au consommateur et améliorer le sort des classes nécessiteuses.

L'opération de la mise en pannetons est très importante; l'impossibilité qui a été constatée officiellement de parvenir à manutentionner des pains d'un poids donné, mesure qui a provoqué l'obligation du pesage à la boulangerie parisienne par l'autorité administrative (dans sa sollicitude pour les consommateurs, l'administration vient journellement en surveiller l'exécution), nous a suggéré l'idée de construire un appareil propre à effectuer ce travail, afin de supprimer jusque dans ses plus minimes proportions le contact de la main de l'ouvrier en ce qui touche la fabrication du pain. Cet appareil est d'une simplicité extrême, et son usage viendra encore simplifier le travail du boulanger, labeur que nous croyons avoir réduit à ses dernières limites par la création d'un système qui produit un moteur gratuit.

Nous avons étudié un système de mise en pannetons; mais comme cette opération est exécutée très-rapidement par la grande habitude des manipulateurs, nous n'en parlons que pour mémoire et pour le cas où il pourrait convenir à quelques manutentionnaires de supprimer le contact des mains dans la fabrication du pain.

Deux petits charriots portant des étagères mobiles sont destinés à être placés sous deux voûtes du four pratiquées à cet effet : ces deux charriots sont destinés à supporter les pannetons remplis de pâte, afin qu'elle puisse achever sa fermentation par l'action de la chaleur, dont le degré peut être réglé parfaitement dans chacune des voûtes à fermentation.

Lorsque le degré de fermentation de la pâte est atteint, le brigadier ou premier garçon, assisté d'un apprenti, procède à l'enfournement de la pâte, en quarante ou quarante-cinq minutes, suivant la qualité, le pain est convenablement cuit, et on obtient alors des produits sains, propres et sans altération, comme sans aucun danger de mélanges nuisibles à la santé.

---

(1) M. Rollet, *Mémoire sur la Meunerie et la Boulangerie*, 1 volume in-4° et Atlas; Paris, Carillan-Gœury.

Cet auteur, qui a traité d'une manière si savante et si pratique toutes les questions qui se rapportent à la partie importante de la conversion des céréales en produits panaires, est cité chaque fois qu'il est question d'opinion faisant loi en ce qui concerne le travail théorique et pratique de la panification. Nous avons cru pouvoir emprunter quelques extraits à l'important travail que cet auteur a publié.

# CHAPITRE XII.

### DU PÉTRISSAGE MÉCANIQUE ET A LA VAPEUR.

Le pétrisseur mécanique que nous avons perfectionné est composé d'un certain nombre de bras en fer forgé, montés sur des manchons en fonte, le tout convenablement étamé à l'étain pur; un dérangement dans le mécanisme ne pourrait jamais arrêter le travail; quelques minutes suffisent pour en lever un des bras détériorés et le remplacer par un autre de rechange.

Le plus grave des reproches que l'on adresse, non sans quelques raisons, aux pétrisseurs mécaniques en général, c'est que l'action des pièces de métal d'un certain volume absorbe presqu'en totalité le calorique qui est si nécessaire à la formation des pâtes, à la bonne marche des levains, à la fermentation panaire; nous avons surmonté cette difficulté sérieuse en enveloppant nos pétrisseurs métalliques d'une chemise en forte tôle, dans laquelle l'ouvrier chargé de la surveillance du pétrissage peut à volonté introduire la vapeur qui a effectué son travail utile; cette disposition permettra, par l'addition d'un thermomètre, de régler d'une manière exacte la température du réservoir à pâte, avant, pendant ou après même le travail de pétrissage.

Notre pétrisseur mécanique à la vapeur réunit les qualités si variées pour arriver au travail régulier et parfait de la manipulation; les appareils spéciaux qui sont à la portée de chaque pétrisseur viendront concourir à ce but : les différentes phases par lesquelles la pâte passe pour arriver à une trituration parfaite sont méthodiquement réalisables par l'emploi du moyen d'action que nous proposons.

Le pétrisseur à vapeur peut être muni de son générateur pour le cas où il serait mis en usage dans une manutention privée d'un four-générateur; le prix de vente de cet appareil rendu ainsi complet n'est pas assez élevé pour qu'il soit un obstacle sérieux à la propagation d'une amélioration qui, certes, est une des plus importantes dans la fabrication du pain.

Un pétrisseur complet, avec son générateur de la force d'un cheval-vapeur, exécuterait aisément en vingt-quatre heures le travail suivi et réglé de six hommes; en voici la dépense :

| | fr. | c. |
|---|---|---|
| Intérêt du capital, prix de la machine de 2,400 fr., à 5 p. 100. . . . . . | » fr. | 34 c. |
| Frais d'entretien et renouvellement de la machine, à raison de 10 p. 100 de son prix d'achat. . . . . . . . . . . . . . . . . . . . | » | 68 |
| Un cheval-vapeur consomme dans notre système, au maximum, 2 kil. houille par heure, à 35 fr. . . . . . . . . . . . . . . . . . . . | 1 | 68 |
| Deux geindres pour surveiller le travail, à 4 fr. . . . . . . . . . . | 8 | » |
| Deux aides ou apprentis, à 2 fr. . . . . . . . . . . . . . . . . | 4 | » |
| | 16 | 60 |
| Dépenses imprévues.. . . . . . . . . . . . . . . . . . . . | 1 | 40 |
| Frais par vingt-quatre heures d'un pétrisseur à la vapeur. . . . . . . . . | 18 | » |

Voici la dépense ordinaire pour exécuter le même travail, et avec tous les désagréments que nous avons signalés :

| | fr. | c. |
|---|---|---|
| Huit geindres à 4 fr. par douze heures. . . . . . . . . . . . | 32 fr. | » |
| Quatre aides pour le travail du pétrin, à 3 fr. . . . . . . . . . . | 12 | » |
| Frais divers, pertes, dépenses imprévues. . . . . . . . . . . . | 2 | » |
| | 46 | » |
| Les frais du pétrisseur à vapeur. . . . . . . . . . . . . . . . . . . | 18 | » |
| Différence : | 28 | » |

Reste donc par jour une économie de 28 fr. par l'emploi de notre pétrisseur à vapeur dans les manutentions qui pourront en faire usage, ce qui sera facile par la réunion de nos appareils perfectionnés, qui apportent une réduction considérable sur le prix du pain. Ces établissements peuvent facilement se former une clientèle considérable, en faisant profiter le consommateur d'une partie des avantages que l'emploi intelligent d'un travail progressif doit procurer légitimement : en se contentant du bénéfice d'un centime par kilog., tous frais payés, le capital nécessaire à une manutention rapporterait plus de 24 p. 100 d'intérêt par an.

En évaluant ce bénéfice réalisable à 28 fr. par jour, seulement, par l'emploi d'un pétrisseur : *en cent vingt jours les frais d'achat seraient couverts.*

## CHAPITRE XIII.

### DES PANNETONS ÉLASTIQUES.

La mise en pannetons et l'achèvement de la fermentation panaire est une opération très-importante. Il importe que la pâte soit convenablement aérée pendant cette dernière phase de la fabrication, mais il faut aussi que, dans cette position, elle ne reçoive pas les influences d'une température qui pourrait arrêter le travail.

Les pannetons en osier, les corbeilles dont on se sert dans la plupart des boulangeries, en outre qu'elles sont une cause incessante d'incendies et de désastres, la rapide détérioration de ces accessoires, la présence d'insectes nuisibles qui se mêlent à la pâte, tout en un mot doit faire rejeter leur usage.

Il conviendrait dans l'intérêt général que les autorités locales prissent des mesures pour mettre un terme à cet état de choses qui compromet gravement la santé publique ; les mesures d'hygiène et de sécurité générale, sont d'une importance trop sérieuse pour ne pas les appliquer lorsqu'il y a une réforme utile à opérer.

Le système de pannetons métalliques, dont nous avons parlé dans notre première édition, a présenté à la mise en pratique de graves défauts qui en ont fait rejeter l'emploi.

Nous avons réussi à construire des pannetons de toutes les formes qui, à leur forme élégante, joignent une extrême légèreté, un facile renouvellement de la toile de garniture ; ils aèrent infiniment mieux la pâte que les pannetons ordinaires ; ils sont à l'abri des atteintes du feu, et leur durée est indéfinie.

Ces pannetons coûtent la moitié du prix des anciens pannetons métalliques ; ils sont moins chers que ceux en osier.

La plupart des incendies qui se déclarent dans les fournils sont occasionnés par la dessiccation du bois et plus souvent par le séchage des pannetons en osier ; l'administration, en ordonnant l'emploi des pannetons métalliques, ferait diminuer de beaucoup les chances d'incendie.

## CHAPITRE XIV.

### EXAMEN DES DIVERS PROCÉDÉS LÉGAUX QUI DOIVENT PRODUIRE UNE BAISSE SUR LE PRIX DU PAIN.

Beaucoup de personnes se sont appliquées à rechercher des combinaisons qui permettraient de réduire sensiblement le prix du pain. La plupart des procédés qui sont offerts à l'appréciation des hommes compétents, par les auteurs de ces découvertes (propositions que nous admettons toutes faites de bonne foi), sont absolument contraires aux réglements et à l'hygiène publique; il est indispensable d'examiner avec la plus scrupuleuse attention les bases sur lesquelles sont assises certaines innovations dont on propose l'adoption.

Nous croyons qu'il est inutile de faire remarquer que si, dans quelques-unes de ces combinaisons, il se trouvait la possibilité d'une application avantageuse au public, il ne pourrait y avoir lieu à exploitation régulière qu'avec l'autorisation, soit de l'administration supérieure, soit par les autorités locales et de l'avis des conseils de salubrité. Dans l'un et dans l'autre cas, il faudrait que la composition du produit exposé en vente fût clairement et exactement désignée, afin que les consommateurs pussent agir avec parfaite connaissance de cause.

Le procédé de M. l'ingénieur Clerget est digne de remarque; au moyen de la dessiccation complète de la pomme de terre préalablement lavée, découpée et convertie en *cossettes* inaltérables, il produit ensuite, par une mouture intelligemment conduite, une farine magnifique d'une conservation indéfinie et qui présente des qualités qui en permettent l'emploi dans la panification. Des expériences réitérées faites à Paris, et dont nous avons vu les procès-verbaux authentiques, établissent que le mélange de cette farine, dans la proportion de 25 0/0, donne, après cuisson, un pain d'une blancheur ordinaire, d'un goût excellent et d'une conservation parfaite.

# DEUXIÈME PARTIE.

## CHAPITRE XV.

### EXAMEN DES PROCÉDÉS LÉGAUX QUI PEUVENT AMENER UNE RÉDUCTION RÉELLE SUR LE PRIX DU PAIN.

L'addition de matières panifiables a une portée immense, surtout lorsque la rareté du froment vient porter le prix du pain à un taux qui devient une véritable calamité publique. Il est du devoir de tous de contribuer, dans cet état de pénurie, à produire une réduction, si minime qu'elle puisse être, dans l'aliment général. C'est ce qui a été si bien exprimé par l'illustre M. Payen, lorsqu'il déclare qu'il y aurait avantage à tolérer cette méthode quand le grain manque, parce que la plupart des consommateurs, habitués à manger un volume de pain trop grand pour une bonne alimentation, se procureraient ce volume sans accroître le déficit général.

On a proposé de confectionner du pain dans lequel on faisait entrer proportionnellement une certaine quantité de froment, de seigle, de maïs, de riz et de farine de parmentière, etc. Nous avons examiné du pain fabriqué ainsi à prix de revient. Le pain nous a paru convenable pour une bonne alimentation, et présentant, *vendu à prix de revient*, une réduction considérable sur le pain de froment pur. L'aspect de ce pain est le même; il présente, à l'œil, l'apparence du beau pain de qualité supérieure. Cette méthode pourrait être utilement employée dans les zones où la taxe du froment atteint les plus hautes limites.

La question de l'introduction d'une certaine quantité de riz dans la fabrication du pain a été favorisée par le gouvernement, et avec raison. Il importe, dans les moments de pénurie de blé et de cherté des autres subsistances, de provoquer la mise en usage de procédés utiles et reconnus légaux, qui ont pour objet de réduire la consommation d'un produit qui se maintient à si haut prix; d'alléger les charges des administrations communales; de permettre, enfin, une réduction sur le prix du pain.

Le système actuel de réglementation ne permet pas de pratiquer les vues bienveillantes du gouvernement à ce sujet. Les taxes, qui ont été établies en vue de production dont la composition, la qualité, les résultats sont connus, ne peuvent être appliquées avec autant d'équité, avec autant de justice, si je puis m'exprimer ainsi, lorsqu'il entre dans la composition du pain des matières non déterminées par la taxe, et pour lesquelles l'autorisation spéciale de l'autorité est indispensable; l'adoption de nos bases tranche cette question difficile.

Nous allons prendre pour exemple ce qui vient de se passer à Rouen :

Un boulanger de cette ville voulut imiter un de ses confrères de Paris, qui avait obtenu de l'autorité la permission de mêler à la fabrication du pain une certaine quantité de riz et de vendre le pain avec une réduction de prix de 5 centimes; il adressa donc une demande en règle à l'autorité, dans le but d'être également autorisé à fabriquer du pain blanc avec du riz, et d'en diminuer le prix de 4 centimes par kilogramme.

Monsieur le maire de Rouen, avant d'accorder cette autorisation, voulut que l'administration fût complétement édifiée sur la valeur de ce nouvel aliment; il chargea M. Girardin, professeur de chimie à la faculté des sciences, d'analyser ce pain et de lui adresser un rapport sur son examen.

Voici un extrait de ce rapport :

« Le sieur X..., dit M. Girardin, mélange à la farine de pur froment un dixième de son poids de farine de riz. De sorte que le sac de farine dont le poids ordinaire est de 157 kil., se compose de 141 k. 30 de farine de froment, et de 15 k. 10 de riz.

Il fait cuire la farine de riz dans l'eau, jusqu'à ce qu'elle soit convertie en bouillie, puis il la mêle avec la farine de froment et le levain, la travaille, et il cuit ensuite ce pain de la manière habituelle.

Le sac de cette farine mixte de blé et de riz lui fournit par la cuisson 215 kilog. de pain, c'est-à-dire 15 k. 08 de plus que le sac de farine de froment.

Le pain mixte est d'excellent goût, et ne peut être distingué du pain ordinaire; il est seulement un peu pâteux et moins léger.

Voici sa composition rapprochée de celle du pain blanc de Rouen :

| *Pain blanc ordinaire :* | | *Pain mixte de blé et de riz :* | |
|---|---|---|---|
| Eau | 32 70 | Eau | 37 90 |
| Matières organiques | 66 80 | Matières organiques | 60 31 |
| — minérales | 0 50 | — Minérales | 1 79 |
| | 100 00 | | 100 00 |
| Azote sur 100 parties de pain frais. | 1 56 | Azote sur 100 parties de pain frais. | 1 38 |

On voit que le pain mixte contient notablement plus d'eau et moins d'azote que le pain blanc ordinaire; il est donc, en raison de ces deux circonstances, bien moins nutritif que ce dernier. En représentant par 100 le pouvoir nutritif du pain de pur froment, l'équivalent du pain mixte serait représenté par 112 25, ce qui revient à dire que, pour se nourrir au même degré, il faudrait remplacer 100 kilog. de pain blanc ordinaire par 112 kilog. 25 de pain mixte de riz.

Le prix du pain ordinaire étant de 46 cent. le kilog., et le sieur X... se proposant de vendre à 42 c. le kil. de son pain, on voit que le consommateur éprouverait une perte en faisant usage de ce dernier, puisque payant 46 fr. les 100 kilog. de pain ordinaire, il paierait 47 fr. 18 c. les 112 kil. 35 de pain mixte, qui lui seraient nécessaires pour être aussi bien nourri.

Je ne crois donc pas que, dans ces circonstances, il y aurait lieu de permettre au sieur X... de fabriquer et de vendre ce pain de riz. La différence de 4 centimes par kilog. étant insuffisante, eu égard à la différence qui existe entre les pouvoirs nutritifs de ces deux pains.

---

# CHAPITRE XVI.

## DE L'EMPLOI DES BLÉS DURS DE L'ALGÉRIE.

Si l'usage des blés durs de l'Afrique ne s'est pas répandu davantage, c'est en grande partie à la difficulté de leur manipulation qu'il faut attribuer cette lacune; et, en effet, ces blés exigent un travail de manutention qui dépasse de beaucoup les forces des hommes habitués à la panification des blés et essences tendres de nos contrées du Nord.

Non-seulement l'emploi des blés durs de l'Algérie donnerait au pain plus de qualités nutritives et hygiéniques, mais il permettrait d'en réduire considérablement le prix, surtout lorsque cet aliment se trouve au prix élevé auquel nos populations doivent l'acquérir.

De même que les blés d'Odessa, de Tangarog et ceux du littoral de la mer Noire et de l'Orient, la la plupart des blés algériens contiennent de 14 à 14,50 0[0 de gluten, tandis que nos bons blés indigènes n'en produisent que de 11 à 12 0[0. C'est un point capital qu'il importe de remarquer.

De plus, la mouture de ces blés, traitée d'une manière convenable après décortication et concassement, donne de très beaux résultats; les basses matières sont moins considérables, d'un écoulement plus facile, lorsque la panification en est faite par les anciens procédés, et à plus forte raison par l'adoption de notre système, qui employant les méthodes d'extraction de toutes les matières panifiables des sons et résidus, ne laisse au rebut qu'une enveloppe corticale dont le poids, après dessication, ne dépasse pas 8 0[0 du poids total du blé dur soumis à la mouture.

Il résulte des comptes de mouture très exacts qui nous ont été fournis par M. Olivier, ancien syndic de la boulangerie d'Alger, qu'il y aurait un avantage immense à propager l'emploi du blé dur : nous donnons au surplus la situation comparative de la mouture d'un quintal de blé tendre indigène et d'un quintal de blé dur : nous suivons les indications des anciennes méthodes de meuneries.

Nous ferons observer que l'hectolitre de blé indigène pèse en moyenne 75 kilog. et que le blé dur d'Afrique dépasse 82 kilos.

*Produit comparatif de la mouture :*

*de 100 kilog. de blé tendre de France.*

| | | |
|---|---|---|
| Produit en farine 1re qualité | 63 | 66 |
| — en farine extraite du gruau | 3 | |
| — en farine de 2e qualité | 7 | 10 |
| — en farine bise | 3 | |
| — en issues, son, petit son, etc. | 12 | 22 |
| — en remoulage | 10 | |
| Perte par volatilisation | | 2 |
| Kilog. | | 100 |

*de 100 kilog. de blé dur d'Algérie.*

| | |
|---|---|
| Produit en semoule et farine 1re | 80 |
| — en farine 2e qualité | 10 |
| — en issues, son, petit son | 9 |
| Perte par volatilisation | 1 |
| Kilog. | 100 |

On voit que le résultat comparatif est frappant, qu'il existe réellement une augmentation de rendement de plus de 14 0[0 sur le poids effectif des produits nutritifs.

Examinons actuellement les prix comparatifs du quintal métrique de blé tendre de France acheté dans le rayon d'approvisionnement de la ville de Paris, constaté par le *Moniteur universel*, et celui du prix d'achat du blé sur les différents marchés algériens qui pourront fournir à la consommation de la métropole.

Au 24 mai 1855, le prix du quintal métrique de blé tendre à Paris était au cours moyen de fr. 39 16

Au 15 mai 1855 (voir l'*Akbar*), le quintal de blé dur valait :

| | | |
|---|---|---|
| A Alger | fr. 28 | 25 |
| A Oran | 28 | 50 |
| A Philippeville | 27 | 50 |
| A Bone | fr. 25 | » |
| A Tlemecen | 22 | » |
| Cours moyen | 27 | 32 |

Prix comparatif du quintal métrique :

*Prix du blé tendre de France, cours de Paris :*

| | | |
|---|---|---|
| Prix du quintal, à 75 kilogrammes, l'hectolitre du rayon d'approvisionnement de la ville de Paris | 39 | 16 |
| Prix du blé dur rendu à Paris | 31 | 11 |
| Boni en faveur du blé dur | 8 | 05 |

*Prix du blé dur d'Algérie, rendu à Paris :*

| | | |
|---|---|---|
| Prix d'achat en Algérie les 100 k°. | 27 f. | 32 |
| Commission | » | 27 |
| Emmagasinage, transport à bord. | » | 25 |
| Fret à 30 fr. la tonne | 3 | » |
| Assurance 1 0[0 | » | 27 |
| Prix du quintal | 31 | 11 |

Ainsi, il est manifeste qu'il y a, quantités égales, sur le prix d'achat du blé seulement, une réduction positive de fr. 8 05, soit sur ce chef plus de 19 0[0.

La conversion de la farine des blés durs en pain donnerait les résultats importants qui suivent :

*Panification comparative d'un quintal de blé tendre de France et d'un quintal de blé dur d'Afrique, l'un et l'autre convertis en farine.*

*Blé tendre de France :*

| | | |
|---|---|---|
| 66 k° farine à 133 0[0 soit 96 k° pain à 45 | 43 | 32 |
| 10 d° soit 13 k° pain 2e qualité à 38 | 4 | 94 |
| 22 k° issues à 15 fr. les 100 k° | 3 | 30 |
| Recettes | fr. 51 | 56 |
| Achat du quintal de blé suivant le cours | 39 | 16 |
| Mouture, transport, frais (ancien système) | 3 | 50 |
| Frais de panification (suivant l'ordonnance) | 5 | 32 |
| Dépense | fr. 47 | 98 |
| Différence | 3 | 58 |

*Blé dur d'Afrique :*

| | | |
|---|---|---|
| 80 k° farine à 140 0[0 soit 110 k° à 45 cent. | 49 | 50 |
| 10 d° bise à 140 0[0 soit 14 k° à 38 | 5 | 32 |
| 9 k° issues à 15 fr. les 100 k° | 1 | 35 |
| Recettes | fr. 56 | 17 |
| Achat du quintal de blé dur suivant le prix | 31 | 11 |
| Mouture, transport, frais (ancien système) | 3 | 50 |
| Frais de panification (suivant l'ordonnance) | 5 | 32 |
| Dépense | 39 | 93 |
| Différence | 16 | 24 |

Il existe donc un écart entre le prix d'achat et de panification d'un quintal de blé dur d'Algérie de fr. 16 24, sur une production de 124 k° de pain, c'est-à-dire qu'il serait possible, en employant même les anciens errements, de réaliser sur ce chef seulement une économie en faveur de tous les consommateurs de plus de DIX CENTIMES par kilogramme de pain.

Nous examinerons plus loin les résultats généraux qui sont la conséquence forcée de la réunion de la meunerie à la boulangerie, en employant les meilleurs procédés reconnus et en livrant partout *le pain à prix de revient.*

Bien que l'emploi des blés durs de l'Algérie puisse contribuer à améliorer considérablement le sort des populations, il ne sera jamais possible d'en faire un usage exclusif dans les manutentions qui seront établies ultérieurement; il importe donc de déterminer les qualités et les quantités qui sont les plus avantageuses à mélanger, afin d'obtenir les meilleurs résultats. Un chapitre spécial abordera cette grave question en même temps qu'il sera traité de la fabrication du pain de 2e qualité, *dit pain de mélange.*

Pour l'approvisionnement des manutentions civiles d'une certaine importance, lorsque les importations des céréales deviennent nécessaires à l'alimentation publique par la rareté du blé indigène, il serait facile et avantageux d'être en rapport avec les détenteurs habituels des blés de l'Algérie aux ports d'approvisionnement, lesquels, ayant une très grande habitude des opérations en céréales en les traitant sur une grande échelle, sont à même de satisfaire aux exigences de la fabrication; d'un autre côté, le chiffre considérable d'affaires sur lequel ces agents opèrent leur permet de se satisfaire d'un bénéfice excessivement limité.

Les expéditions se font par chargements régularisés sous la marque et le plomb de chaque expéditeur; il n'y a donc lieu qu'à procéder à la vérification d'arrivée et à l'emmagasinage des marchandises.

Il sera nécessaire, dans le cas indiqué ci-dessus, de traiter avec les détenteurs de blé de provenances différentes, tant à cause des facilités des mélanges, que des avantages d'emploi que l'on rencontre dans la manipulation.

Pour approvisionner les manutentions d'une importance secondaire de même que pour les mélanges, les manutentionnaires sont à même d'effectuer leurs achats sur les marchés du cercle de la consommation; il y aurait, dans ce cas, double avantage pour le manutentionnaire et pour le public.

Cependant, dans de certaines circonstances, les marchés ne pourront suffire, soit à cause des exigences des détenteurs, soit par suite d'une concurrence fâcheuse que l'on ne peut toujours éviter; il serait utile, dans ce cas et dans celui d'une fabrication d'une certaine importance, d'avoir des agents fréquentant habituellement les marchés voisins; ces agents, choisis parmi les personnes consciencieuses et probes, seraient rémunérés au moyen d'une commission fixe à déterminer, qui serait, dans tous les cas, de peu d'importance sur la quantité des achats. On pourrait, en outre, prendre des arrangements pour obtenir les céréales à des conditions meilleures d'acquisition par l'abandon d'une partie des bénéfices, reconnue de part et d'autre au profit de l'agent chargé des achats.

L'emmagasinage des céréales présenterait infiniment moins d'inconvénients par l'adoption de ces systèmes d'approvisionnement, les agents ayant intérêt direct à acquérir de bonnes marchandises, exemptes de matières hétérogènes et en bon état de conservation.

Des instructions précises seraient adressées aux agents; l'administration de chaque manutention réglerait les ordres d'achat, conformément aux exigences de la fabrication.

---

## CHAPITRE XVII.

### DE L'USAGE DU RIZ, DE LA PARMENTIÈRE, DU SEIGLE.

La fabrication du pain de mélange, assimilé au pain de seconde qualité qui se fabrique à Paris, quoique bien supérieur comme principe nutritif, infiniment plus salubre et à peu près aussi blanc que celui de première qualité confectionné avec des farines secondaires, est évaluée dans ce tableau, quant à sa composition et à son prix de revient, sur les bases suivantes : Le taux du quintal de farine étant fr. 52 82, soit le blé indigène à fr. 39 16 et celui de l'Algérie au cours moyen de fr. 31 11 rendu à Paris :

*Composition et prix de revient du pain de mélange mixte de 2e qualité.*

| | | | |
|---|---|---|---|
| 20 kilog. blé indigène à 39 fr. 16 le quintal. . . . . . . | | 7 | 83 |
| 20 d° blé dur d'Algérie à 31 fr. 11 le quintal. . . . . | | 6 | 22 |
| 15 d° riz brisé de la Caroline à 45 fr. le quintal. . . . . | | 6 | 75 |
| | A reporter. . . . | 20 | 80 |

| | | |
|---|---|---|
| Report. . . . | 20 | 80 |
| 15 d° seigle d'Afrique à 20 fr. le quintal. . . . . . . . | 3 | » |
| 30 d° farine parmentière blutée à 15 fr. le quintal. . . . | 4 | 50 |
| Frais de conversion de 140 kilog. de pain à 3 fr. 50 les 100 kilog. | 4 | 90 |
| 140 kilog. de pain blanc mixte au prix de 23 cent. 71, soit. . | 33 | 20 |

On voit donc que le pain mixte, dont la composition représente une quantité de matières azotées supérieure au pain bis confectionné à Paris, est d'un prix de revient et par conséquent de vente de près de 40 0[0 au-dessous du prix de la taxe, suivant les anciennes manipulations, puisque ce prix est aujourd'hui de 38 centimes le kilogramme.

Nous n'avons pas fait figurer dans ce tableau le prix auquel il serait possible de livrer aujourd'hui le pain de première qualité, qui aurait été confectionné de la manière suivante :

| | | | |
|---|---|---|---|
| 40 kilog. | blé indigène à 39 fr. 32 le quintal. . . . | 15 | 72 |
| 50 d° | blé dur d'Algérie à 31 fr. 11 le quintal. . . | 15 | 55 |
| 10 d° | de riz Caroline à 45 fr. le quintal. . . . | 4 | 50 |
| Frais de manipulation de 140 d° | de pain à 0 fr. 35 le kilog. . . . . . | 4 | 90 |
| | | 40 | 67 |
| 140 kilog. de pain blanc de première qualité à 29 cent. le kilog. . . . . | | 40 | 60 |

Il est manifeste que l'on peut produire le pain blanc de qualité supérieure avec une réduction de prix de plus de 38 0[0, puisqu'au lieu de payer le pain de première qualité au prix de 29 centimes, on le paie suivant la taxe 46 centimes, soit une réduction de 17 centimes sur un kilog. de pain, soit enfin 34 centimes sur le prix d'un pain de 2 kilog.

Il est vrai que l'obtention de ces résultats exige un travail au-dessus de la force ordinaire de l'homme, que ce n'est que par une fabrication spéciale et une manipulation bien entendue que l'on atteint ces améliorations si désirables, mais ces circonstances sont inhérentes à tout progrès : la source de l'alimentation publique ne doit pas être plus négligée qu'aucune autre branche de l'industrie; l'emploi des forces motrices qui se produisent aujourd'hui avec tant de facilité et particulièrement dans l'objet qui nous occupe avec si peu de frais, présente tant d'avantages, qu'il est de l'intérêt public de songer sérieusement à en propager l'application la plus étendue.

Le mélange des farines de sarrasin, d'orges, de maïs, de châtaignes, de marrons d'Inde même, dont les qualités panifiables viennent d'être si victorieusement démontrées par un de ces courageux athlètes du progrès, peut se pratiquer avec infiniment de facilité dans les manutentions établies d'après notre système et par notre mode d'opération; et, nous ne saurions trop souvent le répéter, la vente du pain à prix de revient permet l'adoption de toutes les idées utiles, de tous les progrès réels : les habitudes locales, le perfectionnement dans la fabrication, le goût de la population seront les plus sûrs guides dans l'adoption ou le rejet de tel ou tel perfectionnement.

La production générale d'un pain de cette combinaison serait réellement un bienfait, surtout dans les moments de cherté des subsistances; le remplacement d'un quart du poids net de la farine, produite d'après le système de M. Clerget, dont le prix de revient est de 12 à 15 fr. les 100 kilogr., permettrait une réduction sensible sur le prix du pain vendu sous son véritable nom : *3[4 farine de froment et 1[4 farine de parmentière.*

En Allemagne, en Belgique et dans quelques cantons de la France, on a l'habitude d'extraire de la pomme de terre, au moyen d'une lame triangulaire et au moment de la plantation, les *œils* ou semis, et la récolte n'en est que plus abondante. On a cherché à expliquer de diverses manières l'avantage qu'il y a de procéder de la sorte; le fait est patent, nous ne nous en occuperons pas davantage.

Il serait facile, dans une exploitation convenablement établie, de faire extraire les semis des pommes de terre et de soumettre ce qui resterait à la dessication et ensuite à la mouture : ces semis en général ne forment que 10 0[0 du poids des tubercules, on aurait donc 90 0[0 de cossettes qui produiraient une farine d'autant plus belle qu'ils auraient été préalablement dépouillés d'une partie de leur enveloppe qui resterait attachée aux *semis.* Le prâlinage de ces semis permettrait de les conserver longtemps ; ils pourraient être expédiés sur les divers points du territoire et n'exigeraient que très peu de fumure.

Le prix qui pourrait être retiré de la vente de ces semis payerait une grande partie des frais d'achat et de manipulation pour la conversion des pommes de terre en Parmentière, et diminuerait ainsi de beaucoup le prix de cette farine, qui est appelée à donner de si grands résultats, tant sous le rapport de ses qualités nutritives que sous celui de sa conservation indéfinie.

# CHAPITRE XVIII.

DES MANUTENTIONS COMMUNALES.

Depuis que l'on s'est occupé de perfectionner le mode de fabrication de la boulangerie, soit par l'emploi de pétrisseurs mécaniques, soit par la découverte de nouveaux fours à feu continu, soit enfin par une foule d'autres innovations utiles, les auteurs de ces améliorations ont bientôt renoncé à mettre leurs travaux en exploitation industrielle à cause des obstacles immenses qu'ils ont rencontrés lorsqu'ils ont voulu placer résolument le fruit de leurs labeurs dans la voie de la pratique.

Doit-on attribuer cette insouciance ou cette opposition quand même au progrès, au parti-pris de se roidir contre les innovations? Ou plutôt ne doit-on pas cet insuccès au résultat, relativement modique, que ces améliorations partielles ont donné à l'expérience? Nous penchons pour cette dernière hypothèse. En effet, on ne se résoudra à rompre avec les habitudes séculaires que lorsque les résultats patents, constatés, de l'amélioration, seront assez importants pour que les conséquences soient en rapport avec la dépense, quelquefois considérable, qu'il est nécessaire d'effectuer pour commencer un mode nouveau de travail.

Notre longue expérience, les représentations et les observations nombreuses qui nous ont été adressées de tous les côtés, nous ont déterminé à présenter, comme le seul moyen réellement praticable pour mettre en œuvre d'abord, et généraliser ensuite notre système complet de panification perfectionnée, la création d'une société locale pour l'exploitation d'une manutention civile qui vendra toujours le pain à prix de revient, augmenté d'un bénéfice net déterminé à l'avance. Ce mode d'application répond parfaitement aux nombreuses exigences que la solution d'une question si délicate exige.

L'examen attentif des bases que nous avons formulées, sous forme de statuts, qui peuvent être modifiés suivant les localités et suivant les positions, nous dispense d'entrer dans de plus longs détails à ce sujet.

# CHAPITRE XIX.

**Projets de Statuts pour la formation de la société de la Boulangerie perfectionnée de la ville de. ...**

## TITRE PREMIER.

BUT, FORME, SIÉGE ET DURÉE DE LA SOCIÉTÉ.

Art. 1er. Il est formé entre toutes les personnes qui deviendront propriétaires des titres ou coupons d'action dont il est parlé ci-après, une Société en commandite par actions.

Art. 2. La Société portera le titre de *Compagnie de la Boulangerie Générale de*

Art. 3. Le but de la Compagnie est la production générale du pain, au plus bas prix possible, par l'emploi des meilleurs procédés mécaniques et autres, et la vente au prix de revient, augmenté d'un bénéfice net d'un centime par kilogramme.

Art. 4. Le siége de la Compagnie est à

Art. 5. La durée de la Société est fixée à trente années, à dater de ce jour.

Art. 6. La raison sociale est et Compagnie.

Art. 7. La Société est en nom collectif à l'égard de M. , elle est en commandite à l'égard de tous les actionnaires, qui ne pourront être engagés au delà de leur mise sociale.

## TITRE II.

### FONDS SOCIAL, CONSTITUTION, APPORTS, DIVIDENDES.

Art. 8. Le fonds social est fixé à
Les actions de la Compagnie sont de chacune.
Elles sont toutes au porteur.
Il sera délivré des coupons de francs.
Les coupons d'actions sont également au porteur.

Art. 9. Les actions de la Compagnie, ainsi que les coupons d'actions, portent un intérêt fixe de un centime par cent francs et par jour, soit 3 fr. 65 c. pour 100 par an.

Art. 10. Les intérêts des actions et des coupons seront payés annuellement, du 15 février au 31 mars, en même temps que les dividendes. La Société sera constituée aussitôt que le tiers de son capital sera souscrit.

Art. 11. Le capital social pourra être augmenté, sur la proposition du directeur-gérant, par l'assemblée générale des actionnaires.

Art. 12. Le montant des actions et des coupons se payera, par quart, à un mois de date.

Art. 13. Tous les titres d'actions et de coupons seront extraits d'un registre à souche; ils seront signés par le directeur-gérant et un administrateur, et porteront les timbres de la Compagnie.

Art. 14. Le transport des actions et des coupons s'opère par la tradition du titre.
Le transfert entraîne de droit la cession de tous les intérêts, dividendes et autres droits et avantages.

Art. 15. Les fonds provenant du montant des actions, coupons et autres produits de la Compagnie, seront placés, par les soins du directeur, dans un établissement public de crédit.
Le directeur ne pourra posséder en caisse une somme supérieure à 1,000 francs.

Art. 16. Sur le montant des bénéfices qui seront réalisés annuellement après le prélèvement des frais généraux d'administration et autres, il sera prélevé 6 pour 100 pour le montant des intérêts, ainsi que 5 pour 100 représentant la part de l'auteur du système de manutention adopté, tant pour son concours que pour les soins qu'il donne au service administratif de la Compagnie. Le surplus des bénéfices, c'est-à-dire le bénéfice net d'un centime par kilogramme de pain livré à la consommation, sera réparti annuellement de la manière suivante :
69 pour 100 aux actionnaires;
10 pour 100 destinés à former un fonds de réserve;
5 pour 100 devront servir à fonder une caisse de retraite;
10 pour 100 au directeur-gérant.

Art. 17. Les actions et les coupons recevront un intérêt annuel de 3,65 pour 100. La différence entre ce taux et celui de 6 pour 100 attribué au capital, conformément à l'article 9, soit 2,35 pour 100, est destinée à être convertie en primes qui seront réparties annuellement par la voie du sort. A cet effet, il sera formé autant de primes de 50 francs qu'il y aura d'actions à être favorisées par la voie du sort.

Art. 18. Les actions qui seront tombées au sort pour recevoir la prime de 50 francs seront amorties. A cet effet, le fonds d'amortissement dont il est parlé article 22 est institué pour rembourser au taux nominal de l'émission les actions et coupons d'actions désignés à l'amortissement.

Art. 19. Lorsque le fonds de réserve, qui pourra ainsi être employé à former la caisse de crédit dont il est parlé article 4, aura atteint la somme de 10,000 francs, le surplus sera distribué aux sociétaires.

Art. 20. La Compagnie sera valablement libérée de chaque dividende et des intérêts par l'estampille de paiement apposée sur chaque action ou coupon d'action.

Art. 21. Le montant des primes, amortissements, intérêts et dividendes échus et non réclamés seront prescrits par un délai de trois années au profit des actionnaires de la Compagnie.

## TITRE III.

### DES MANUTENTIONS LOCALES.

Art. 22. La Compagnie fondera, aussitôt sa constitution définitive, une boulangerie générale établie sur l'application des progrès les plus avantageux.

Art. 23. La Compagnie, désireuse de permettre à toute la population l'usage habituel d'un pain sain et nutritif, à un prix considérablement réduit, prend l'engagement de faire vendre toujours le pain confectionné dans ses manutentions, au prix de revient, augmenté d'un centime net pour bénéfice par kilogramme de pain livré à la consommation.

Art. 24. Le capital social est destiné à faire face aux frais d'achat des terrains, propriétés immobilières, indemnités ou fonds de boulangerie, constructions d'usine, achat et installation des machines, fours, appareils et matériels, enfin à l'approvisionnement en grains et céréales pour la fabrication.

Art. 25. Aussitôt que les trois quarts du capital nécessaire à la fondation d'une manutention auront été souscrits en promesses formelles de souscription d'actions par des personnes habitant la localité ou les environs, la Compagnie fera procéder sur-le-champ aux démarches et aux travaux nécessaires pour construire la manutention et la mettre au plus tôt en exploitation.

Art. 26. Les fonds des actionnaires destinés à la fondation des manutentions locales seront déposés, pour compte de la Compagnie, chez un notaire domicilié dans la ville où sera établie l'usine.

Art. 27. La Société s'engage à ne disposer des fonds ainsi déposés qu'au fur et à mesure des besoins de la construction du matériel et de l'approvisionnement de la manutention; 50 pour 100 du montant des fonds ainsi versés pourront être employés sur-le-champ par la direction, pour faire face aux dépenses nécessaires à la construction de toutes les machines, des appareils et autres travaux.

Art. 28. Les directeurs de manutentions, tous les employés, agents et ouvriers, seront nommés par la direction, et choisis, autant que possible, parmi les patrons, contre-maîtres et autres personnes de la profession ou parfaitement au courant des usages de chaque localité.

Art. 29. Tous les actionnaires qui auront coopéré à la fondation des manutentions locales par la souscription d'actions, apports de propriétés, d'usines, de privilèges ou d'autres avantages, formeront un conseil de surveillance chargé de contrôler les opérations de la direction de chaque manutention.

Art. 30. Le conseil de surveillance sera composé des six plus forts actionnaires intéressés, et successivement de tous les actionnaires. Ce conseil exercera sur les opérations de la direction de la manutention le contrôle le plus efficace et la surveillance la plus active, mais conformément au mode qui sera déterminé par un règlement d'administration générale.

Art. 31. Les présidents, les membres et les secrétaires des conseils de surveillance sont nommés par les actionnaires réunis.

Art. 32. Chacun des membres de ce conseil exercera, à tour de rôle, les fonctions de contrôleur. La durée de cette charge est fixée à un mois. Chaque contrôleur est tenu de visiter la manutention au moins tous les jours. Chaque visite du contrôleur sera constatée sur une feuille de présence-rapport, revêtue du visa du président, que le secrétaire du conseil déposera aux archives administratives.

Cette feuille de rapport fera connaître les modifications ou les améliorations qu'il y aurait à apporter dans l'une ou dans l'autre des branches du service, ainsi que toutes les observations que le contrôleur, le président ou le secrétaire croiront devoir adresser et soumettre à l'appréciation du conseil de surveillance.

Copie de ce rapport sera faite sur le registre d'ordre de la manutention.

Art. 33. Les président, contrôleur et secrétaire du conseil de surveillance de chaque manutention recevront des jetons de présence pour chaque vacation.

La valeur de ces jetons sera déterminée par le conseil.

Le secrétaire du conseil sera rétribué pour son travail.

Art. 34. Les actionnaires fondateurs des manutentions locales recevront un diplôme d'honneur imprimé sur parchemin. Leurs noms et qualités figureront sur les documents généraux de la compagnie.

Art. 35. Chaque manutention locale, ainsi que le matériel et l'approvisionnement, seront affectés à la garantie indivisible des actions ou des coupons d'actions.

En conséquence, ces titres porteront la désignation de l'usine pour la création de laquelle ils ont été émis.

Les intérêts et dividendes revenant annuellement à ces titres seront payés, aux époques fixées par les présents statuts, par le directeur de la manutention.

## TITRE IV.

### ADMINISTRATION DE LA COMPAGNIE, CONSEIL GÉNÉRAL DE SURVEILLANCE, ASSEMBLÉES GÉNÉRALES.

Art. 36. Le conseil de surveillance sera composé de six membres choisis parmi les actionnaires de la compagnie. Chacun des membres de ce conseil devra être possesseur de deux actions au moins. Ces membres seront toujours rééligibles. L'assemblée générale des actionnaires procèdera chaque année à la nomination d'un membre du conseil, sur la présentation de la liste établie par la direction.

Art. 37. Le premier conseil sera choisi par les actionnaires réunis.

Le conseil de surveillance contrôle les opérations du directeur-gérant. Les fonctions de membre du conseil de surveillance sont gratuites; néanmoins il sera attribué aux membres de ce conseil des jetons de présence.

Le conseil se réunit au moins une fois par mois et chaque fois que le service de la compagnie l'exige. Il sera tenu un registre de procès-verbaux de ses séances et délibérations. Ce registre restera déposé au siége de la société. Dans la discussion, en cas de partage, la voix du président du conseil de surveillance sera toujours prépondérante.

Art. 38. Le directeur de la compagnie fait partie du conseil de surveillance avec voix consultative.

Art. 39. Chaque année, le conseil adresse à l'assemblée générale un rapport sur les affaires de la compagnie. Ce rapport sera communiqué au directeur-gérant au moins quinze jours avant sa remise à l'assemblée.

Art. 40. Le directeur, logé au siége de la société, jouit d'un traitement fixe et annuel de payable par quart.

Art. 41. Le directeur-gérant garantit sa gestion par un dépôt de soit en actions de la société, soit en rentes sur l'Etat, déposées immédiatement chez le notaire de la société. Les actions resteront attachées au registre à souche de la compagnie. Les titres ainsi déposés seront inaliénables pendant toute la durée des fonctions du directeur-gérant et ne seront libres à son profit, en cas de retraite ou de son remplacement, qu'après l'apuration définitive de ses comptes, approuvés par l'assemblée générale. Le directeur est nommé par les présentes dispositions pour toute la durée de la société; il ne peut être révoqué qu'en cas de malversation, en assemblée générale, à la majorité des deux tiers des actionnaires présents. Néanmoins le directeur-gérant pourra se retirer de sa position après un terme de deux années et présenter son successeur, capable de le représenter. Ce nouveau directeur-gérant sera soumis aux mêmes obligations et jouira des mêmes avantages que le directeur sortant.

Art. 42. La retraite ou le décès du directeur-gérant n'entraînera pas la dissolution de la société.

Art. 43. L'assemblée générale des actionnaires se réunit tous les ans et lorsque le gérant le juge indispensable. L'assemblée reçoit communication des opérations de la compagnie; la situation des recettes et des dépenses, ainsi que toutes les propositions que le gérant croit devoir lui présenter; elle entend aussi le compte-rendu des opérations du conseil de surveillance ; elle procède à la nomination des membres de ce conseil. Cette nomination se fait à la majorité absolue des voix.

Art. 44. L'assemblée se compose de tout porteur de francs d'actions. Chaque membre pourra réunir autant de voix qu'il possédera de fois francs d'actions, sans toutefois pouvoir réunir plus de trois voix.

Art. 45. L'assemblée générale sera présidée par le plus fort des actionnaires présents, le directeur-gérant excepté. Le président sera assisté d'un secrétaire et de deux scrutateurs nommés par le conseil de surveillance.

Art. 46. L'assemblée, pour agir valablement, doit être composée d'actionnaires représentant au moins un tiers du capital émis. Si, au jour indiqué par la réunion, l'assemblée ne se composait pas de ce nombre d'actionnaires, il sera fait une nouvelle convocation, et les délibérations de cette assemblée seront valables pour les objets sur lesquels l'assemblée, infructueusement convoquée, aurait eu à prononcer.

Les membres signeront une liste de présence en entrant en séance.

Art. 47. Les délibérations seront prises à la simple majorité des voix. Les modifications aux présents statuts ne pourront être faites que sur la proposition du directeur-gérant et à la majorité absolue des voix. Les délibérations prises engagent tous les actionnaires présents ou absents.

Art. 48. Le directeur-gérant ne votera pas lors des délibérations ayant pour objet le règlement de ses comptes.

## TITRE V.

### INVENTAIRE, DISSOLUTION, LIQUIDATION, ARBITRAGE, CHANGEMENTS AUX STATUTS.

Art. 49. Il sera fait, chaque année, le 15 janvier, un inventaire exact de la situation de la compagnie; il devra être remis le 1er mars suivant, au plus tard, au conseil de surveillance.

Art. 50. Dans le cas où un inventaire annuel, définitivement approuvé par l'assemblée générale, constaterait la perte des deux tiers du capital social, la dissolution de la société pourra être prononcée par l'assemblée générale des actionnaires.

La liquidation de la société, soit en cas de dissolution prématurée, soit à son expiration, sera faite par le gérant, sous la surveillance d'une commission de trois membres nommés par le conseil de surveillance.

Art. 51. Toute contestation entre les associés sera soumise au jugement des trois arbitres, suivant les prescriptions du Code de procédure civile.

Art. 52. La signification de toute sentence arbitrale sera valablement faite à l'égard de tous les commanditaires, soit au conseil de surveillance, soit à celui de liquidation.

Art. 53. En aucun cas les veuves, représentants ou héritiers soit du gérant, soit d'un actionnaire, ne pourront requérir aucune apposition de scellés ou inventaire contre la société, non plus qu'aucune liquidation de son actif avant sa dissolution; ils devront s'en rapporter aux inventaires annuels.

Art. 54. Les statuts sont obligatoires pour tous les actionnaires.

Fait double à

Enregistré à

Les présents statuts ont été déposés ce jour au greffe du Tribunal de commerce de

---

# CHAPITRE XX.

### DES COMPTOIRS DE VENTE DU PAIN.

Il nous a été présenté des observations sur la possibilité de débiter, dans les grands établissements, tout le produit de leur fabrication en temps utile et sans augmentation sensible des frais de vente.

Comme ces observations n'ont quelque valeur qu'en raison du chiffre élevé des produits panifiés, nous n'avons donc qu'à nous occuper de ce qui concerne l'écoulement d'une manutention-modèle qui fabriquerait journellement de 40 à 50,000 kilog. de pain.

Dans le projet de la création d'une vaste manutention modèle à Paris, nous avons établi, au siége même de l'établissement, huit bureaux de vente qui communiquent entre eux ainsi qu'avec les ateliers. Ces bureaux sont convenablement munis d'étagères et de comptoirs, avec poids et balances, conformément aux règlements. Chaque bureau est géré par un receveur et son aide. Les receveurs doivent justifier envers le chef des ateliers des quantités délivrées; ils sont responsables des deniers envers le caissier de la manutention.

Comme il est peu de villes dans lesquelles une pareille manutention puisse s'établir (sans porter un coup trop funeste aux établissements existants, qui devront tous adopter successivement un mode d'opération analogue à celui que nous proposons), nous prendrons comme type de comparaison la ville de Paris, dans laquelle une manutention susceptible d'une fabrication aussi considérable ne porterait que sur le douzième environ de la consommation, et la création d'une boulangerie générale ne serait alors qu'un moyen pour engager le commerce de la boulangerie à entrer dans la voie du progrès réel en s'affranchissant des charges parasites qui le dominent et qui le ruinent.

L'Établissement, fondé au centre de deux arrondissements populeux, aurait, dans un rayon de moins d'un kilomètre, une population de 250 à 300,000 bouches à alimenter. En général, les populations ainsi agglomérées sont celles qui sont les moins aisées; on peut, sans aucune exagération, estimer que, dans le but d'économiser de 15 à 20 cent. par pain, en faisant chaque jour une course peu éloignée, la plupart des chefs de famille enverront acheter le pain nécessaire à la consommation, et très souvent la même personne approvisionnera pour plusieurs jours deux ou trois familles.

En admettant que chaque acheteur prenne deux pains et qu'il faille huit secondes aux employés chargés de la vente et qui en possèdent l'habitude, pour les peser et en recevoir le montant, en une heure, chaque employé aura satisfait à quatre cent cinquante demandes, et les huit bureaux auront délivré 18,800 kilog. de pain; c'est-à-dire qu'en moins de deux heures et demie la production de vingt-quatre heures pourra être écoulée sans retard, sans arrêt, sans aucun encombrement. Il est, pour ainsi dire, impossible que la masse des consommateurs se présente à la fois, lorsqu'il sera de notoriété publique que les bureaux sont ouverts depuis 5 heures du matin jusqu'à 10 heures du soir.

Le débit des manutentions peu importantes ne présente pas, à beaucoup près, de semblables exigences, et leur direction est des plus faciles.

---

# CHAPITRE XXI.

## DE LA VENTE DU PAIN A PRIX DE REVIENT, DU CONTROLE POSSIBLE.

Il est nécessaire de remarquer que la production du pain vendu à prix de revient permet la mise en pratique de procédés qui ne peuvent consciencieusement être appliqués sous le régime de la taxe officielle du pain.

En effet, les procédés frauduleux d'augmentation de rendement qui sont si souvent mis en usage au grand détriment des populations, alors que le pain est taxé d'une manière rigoureuse, constituent un *vol* véritable. Bien que la constatation de cette fraude soit chose facile, l'immense majorité des consommateurs n'en sait pas apprécier les causes, ni en constater le fait. L'autorité, malgré ses louables efforts, demeure trop souvent impuissante pour sévir toutes les fois que des cas répréhensibles se présentent. Et, lorsqu'une juste répression est venue, de loin en loin, frapper les plus hardis de ces manipulateurs éhontés, la fraude, un moment abattue, relève bientôt ses pernicieuses embûches.

Par *la vente du pain à prix de revient*, aucune de ces turpitudes n'est à craindre. Le contrôle incessant de l'autorité, et plus encore celui du consommateur, vient mettre de suite un terme à toute velléité de falsification.

Nous avons sous les yeux un travail dû à M. Thibault, fabricant de farine à Niort : nous y voyons une table établie sur le produit d'une série d'observations de plus de trente années; d'après ce travail, le rendement en pain s'élève, au fur et à mesure que le rendement du blé en farine est supérieur, ainsi :

| | | | | | | | | |
|---|---|---|---|---|---|---|---|---|
| 100 kil. | de farine 1re, | extraite de blé | pesant | 70 kil. | l'hect. | donnerait | 132 kil. | de pain. |
| 100 | — | — | — | 71 | — | — | 133 | » |
| 100 | — | — | — | 72 | — | — | 134 | » |
| 100 | — | — | — | 73 | — | — | 135 | » |
| 100 | — | — | — | 74 | — | — | 136 | » |
| 100 | — | — | — | 75 | — | — | 137 | » |
| 100 | — | — | — | 76 | — | — | 138 | » |
| 100 | — | — | — | 77 | — | — | 139 | » |
| 100 | — | — | — | 78 | — | — | 140 | » |
| 100 | — | — | — | 79 | — | — | 141 | » |
| 100 | — | — | — | 80 | — | — | 142 | » |

La taxe du pain est basée à Paris, par l'administration, sur le rendement en pain de 130 kilog. par 100 kilog. de farine : il n'est pas de boulanger qui ne retire au moins de 136 à 140 0/0. Le travail entre pour beaucoup dans cette bonification ; il est facile de comprendre qu'une manipulation convenablement suivie, dans de bonnes conditions hygiéniques, provoque une dilatation plus étendue des matières panaires ; que la pâte, ainsi désagrégée, est infiniment plus saine et présente des produits plus nutritifs que celle qui a été manipulée dans des conditions de travail qui laissent à désirer.

Les moyens de contrôle sont aussi simples que faciles à exécuter : les dépenses ordinaires pour une manutention sont régulières ; les prix des matières premières, autres que le blé, ne varient qu'à de longs intervalles ; le salaire du personnel reste invariablement le même ; les frais généraux et d'administration, une fois arrêtés, ne peuvent recevoir que d'insignifiantes modifications.

Il n'y a donc que le prix du blé qui puisse, par ses variations, influer d'une manière quelconque sur le prix du pain ; et il importe que le contrôle, sur cet achat, s'exerce avec certitude.

Un tableau parfaitement établi, et d'une dimension convenable, désignera exactement les frais de toute nature qui viennent incomber à la fabrication du pain (voir à la troisième partie) : toutes ces indications seront placées sur des cases mobiles ; le prix du blé, ainsi que le poids à l'hectolitre, sera ajouté à ce chiffre des dépenses.

Un second tableau déterminera exactement le prix du pain, suivant que le blé aura donné un rendement constaté par l'autorité. Ce tableau, qui donnera les variations par chiffres équivalents au rendement d'un quintal de blé, présentera, à la première vue, le prix d'un kilog. de pain, lorsqu'on aura vu le prix d'achat d'un quintal métrique de blé.

Les pièces justificatives de l'achat du blé devront être mises à la disposition des personnes qui voudraient s'assurer de la régularité des documents.

Les registres de la comptabilité, tenus d'une manière uniforme, répondraient des négligences et des irrégularités qui pourraient survenir.

Les difficultés les plus grandes surgissent chaque fois qu'il s'agit d'apporter une modification quelconque portant sur la base de l'alimentation publique. Les règlements généraux d'une part, les ordonnances locales d'un autre côté, viennent neutraliser les bonnes inspirations, les généreuses intentions de ceux qui tendent à améliorer le sort des classes nécessiteuses.

La vente du pain à prix de revient viendrait infailliblement simplifier cet état de choses : l'administration serait affranchie d'une immense responsabilité ; la surveillance serait facile, la réduction du prix de l'aliment indispensable atteindrait les dernières limites.

Le bénéfice, déterminé à l'avance, serait en quelque sorte la prime d'assurance que paierait le consommateur pour être garanti contre les risques de fraude, d'agiotage et de surélévation du prix du pain.

Il importe donc de mettre en pratique un système qui présente de si sérieux éléments de sécurité et d'ordre public.

---

# CHAPITRE XXII.

## DES BOULANGERIES PARTICULIÈRES.

Nous admettons comme bases des bénéfices, dans toutes les manutentions commerciales, UN CENTIME NET par chaque kilogramme de pain fabriqué et livré à la consommation.

Il est bien entendu que ce bénéfice est, ainsi que nous le faisons remarquer, porté en dépenses après que tous les frais nécessités pour la fabrication du pain auront été portés en compte, de même que les frais d'entretien et autres du boulanger.

Nous n'évaluons ce bénéfice, ainsi déterminé, que sur le pain dit de consommation; rien n'empêche de continuer, dans les localités où l'usage existe, la fabrication et la vente du pain de luxe, des alimentations de fantaisie, etc., etc.

Ainsi l'emploi d'un four de la plus petite dimension (trois chevaux de force), produisant de 1,000 à 1,200 kilog. de pain par vingt-quatre heures, donnerait à son propriétaire un bénéfice de 10 à 12 fr. par jour.

L'usage suivi d'un four de six chevaux-vapeur, qui permet de fabriquer de 2,000 à 2,200 kilog. de pain, produirait de 20 à 22 fr. net par jour, toutes charges déduites.

Une manutention servie par un de nos grands modèles de panificateur complet et bien approvisionnée, établie dans une petite ville, produirait et vendrait journellement, à cause de la remise qu'elle peut faire aux consommateurs, de 3,000 à 3,200 kilog. de pain, lesquels, à un centime net de bénéfice, donneraient de 30 à 32 fr. par jour.

Il est à observer que ces bénéfices portent directement sur le pain de consommation, et que le produit de la consommation de luxe doit venir augmenter ce chiffre. On pourrait nous objecter, peut-être, que tous les boulangers ne pourront pas admettre l'emploi de ces moyens perfectionnés, que tous ne peuvent être à la fois et meunier et boulanger, et enfin que tous ne peuvent disposer des capitaux nécessaires pour réaliser ces perfectionnements.

A cela nous répondrons : le plus grand nombre des boulangeries ne produisent qu'une quantité excessivement limitée de produits; en outre, les charges qu'elles doivent supporter, dans les grandes villes surtout, ne leur laissent que de fort maigres bénéfices, parce que ces charges se répartissant sur une quantité relativement modique de produits, les producteurs gagnent peu et les consommateurs payent cher : si, au lieu de continuer un état de choses aussi préjudiciable aux uns qu'aux autres, deux, trois ou quatre chefs de boulangeries s'entendent pour ne former qu'un établissement, que chacun des titulaires anciens y accepte un travail déterminé; que tous, venant apporter leur intelligence, leur travail, leur industrie, leur crédit et leurs ressources, viennent contribuer à la création de l'établissement, à la bonne direction du travail, au parfait écoulement des produits, aux mille détails de l'exploitation où il faut partout l'œil du maître : n'y aura-t-il pas plus de bénéfices, plus d'avenir, plus de ressources pour des hommes intelligents, dont l'équitable prospérité aurait amélioré le sort d'un grand nombre de leurs concitoyens? Tandis qu'aujourd'hui les peines et les soucis sont le triste partage des sept dixièmes des manutentionnaires civils ou boulangers, qui doivent être et qui seront un jour les seuls intermédiaires nécessaires, indispensables, forcés, entre le producteur et le consommateur : leur insignifiant bénéfice actuel devient la proie de cette innombrable armée d'intermédiaires de toute espèce, dont le concours est aussi onéreux aujourd'hui qu'il doit devenir inutile par la suite.

# TROISIÈME PARTIE.

## CHAPITRE XXIII.

### TABLEAUX ET BASES DES PRIX DE REVIENT DU PAIN.

Les deux tableaux qui suivent présentent les résultats numériquement appréciables que l'on doit retirer par l'application bien entendue de notre système de panification, pourvu toutefois que l'on adopte la règle de la *vente du pain à prix de revient.*

Le tableau général présente les dépenses générales qui sont nécessaires pour la fabrication de 4,000 kilog. par jour de pain blanc de pur froment indigène : on remarquera que les dépenses sont divisées en cinq catégories, dont la première est toujours variable, puisqu'elle représente les achats de blé; les quatre autres sont invariables à ce point de vue que, les autres dépenses une fois admises, il n'y a que très rarement sujet à modification ; on peut donc les admettre comme invariables pour l'objet auquel on les applique.

Le montant général des frais de fabrication se monte à 3 fr. 50 cent. par 100 kilog. de pain, sur lequel il y a prélèvement d'un centime par kilog. pour le bénéfice; les frais bruts de fabrication se montent donc à 0,025 par kilog. de pain.

Nous avons dit qu'un tableau établi sur ce modèle devra être affiché dans toutes les manutentions fondées sur le système que nous proposons; des chiffres mobiles permettent de modifier les sommes à chaque variation.

Le tableau synoptique et comparatif qui est placé en regard du prix de fabrication sert à déterminer le prix du pain fabriqué dans chaque manutention. Nous avons adopté pour point de comparaison le prix du pain à Paris : la première colonne du tableau donne le cours moyen du quintal de farine à la halle. Ce cours change à chaque variation, augmentation ou diminution de 1 fr. 29 cent.; le prix du quintal de blé est fixé dans la proportion des 3/4 du prix de la farine; la vente du blé étant excessivement limitée à Paris, il ne serait pas rationnel de prendre le taux moyen du blé qui se vend à la halle de Paris, attendu que ce blé est employé à tout autre usage qu'à le convertir en pain.

Nous donnons ensuite le prix du pain de première et de seconde qualité, déterminé par les règlements sur la matière.

La seconde partie de ce tableau présente le prix réel du pain par rapport au prix du blé de la halle de Paris; ainsi au prix du quintal de blé il suffit d'ajouter le prix de la fabrication, qui est de 3 fr. 99 cent. pour le produit d'un quintal de blé converti en pain par les moyens perfectionnés qui sont indiqués dans le courant de ce travail, au rendement de 132 kilog. 50 0/0, soit 114 kilog. de pain. Les 3 fr. 99 cent. ajoutés au prix du blé forment un total qui, divisé par 114 (kilog. de pain), représente exactement le prix du kilog. de pain de première qualité.

---

# CHAPITRE XXIV.

## TABLEAU GÉNÉRAL POUR LA FABRICATION,

*Indiquant les frais d'achat et les dépenses de toute nature exigées pour la fabrication de 4,000 kilog. de pain par jour, établi sur les pièces de comptabilité de la manutention de la ville de*

1re QUALITÉ : *Pain de pur froment indigène.*

| | | | | | fr. | c. |
|---|---|---|---|---|---|---|
| Achat du blé.<br>*Dépense variable.* | X kilog. de blé indigène pesant X kilog. l'hectolitre, premier choix, acheté à la halle de , au prix de. . . . . | | | X le quintal, ci. | » | » |
| | X kilog. blé dur de l'Algérie revenant en magasin à. . . . . . . . . . | | | X le quintal, ci. | » | » |
| Matières premières.<br>*Dépenses invariables.* | 388 kilog. de houille, la tonne valant | | 33 » | 12 90 | | |
| | 8 dº de levure, | à | 1 20 | 9 90 | | |
| | 30 dº de sel, | à | » 25 | 7 50 | 30 | » |
| Main-d'œuvre.<br>*Dépenses invariables*<br>(moyenne). | 1 mécanicien garde-moulin, | à | 4 50 | 4 50 | | |
| | 1 comptable, | à | 3 50 | 3 50 | | |
| | 2 chefs boulangers, | à | 2 50 | 5 » | | |
| | 4 aides boulangers, | à | 2 » | 8 » | | |
| | 2 vendeurs de pain, | à | 1 75 | 3 50 | | |
| | 2 hommes de peine, | à | 1 75 | 3 50 | | |
| | 2 apprentis, | à | 1 » | 2 » | 30 | » |
| Administration, frais généraux, etc.<br>*Dépenses invariables.* | 80,000 fr. dépenses d'installation et d'approvisionnement à 6 0/0 (intérêt industriel), par jour. | | | 13 15 | | |
| | Administration, éclairage, impôts, frais divers. . | | | 26 85 | | |
| | Dépenses extraordinaires, renouvellement du matériel. . . . . . . . . . . . . | | | » » | | |
| | Se balançant par la vente des sons et issues. . | | | » » | 40 | » |
| Bénéfice; *invariable.* | 4,000 kilog. de pain à un centime par kilog., net de toute charge. . . . . . . . . . | | | | 40 | » |
| | Total des frais de fabrication à 3 fr. 50 par 100 kilog. de pain. | | | | fr. 140 | » |

Le prix du kilog. de pain est aujourd'hui de X centimes.

# CHAPITRE XXV.

### TABLEAU SYNOPTIQUE ET COMPARATIF

*Du prix de revient et de vente du pain dans les boulangeries perfectionnées, prenant pour type le prix des blés, des farines et du pain à Paris.*

| COURS DE LA FARINE ET DU BLÉ À PARIS. | | | | PRIX DE REVIENT ET DE VENTE DU PAIN DANS TOUTES LES MANUTENTIONS COMMUNALES | | | | | | |
|---|---|---|---|---|---|---|---|---|---|---|
| PRIX moyen du quintal de farine variant par 1 fr. 29. | PRIX du quintal de blé, ou les 3/4 du prix de la farine | TAXE DU PRIX du pain. 1re qualité | TAXE DU PRIX du pain. 2e qualité. | Lorsque le blé vaut le prix ci-contre, comme à la halle de Paris. Le quintal. | A ajouter les frais de conversion en pain 114 k° par quintal de blé. | TOTAL du prix de revient et de vente | Prix de vente par k° bénéfice compris. 1re qualité. pur froment | Prix de vente par k° bénéfice compris. blanc 2e qualité mélangé. | Réduction du prix par k° sur la taxe du pain. 1re qualité pur froment. | Réduction du prix par k° sur la taxe du pain. 2e qualité mélangé. |
| fr. c. | fr. c. | c. | c. | fr. c. | fr. c. | fr. c. | c. | c. | c. | c. |
| 30 89 | 23 16 | 29 | 21 | 23 16 | 3 99 | 27 15 | 24 | 16 | 5 | 5 |
| 32 18 | 24 » | 30 | 22 | 24 » | 3 99 | 27 99 | 25 | 16 | 5 | 6 |
| 33 47 | 25 11 | 31 | 23 | 25 11 | 3 99 | 29 10 | 25 | 17 | 6 | 6 |
| 34 76 | 26 7 | 32 | 24 | 26 7 | 3 99 | 30 6 | 26 | 17 | 6 | 7 |
| 36 5 | 27 3 | 33 | 25 | 27 3 | 3 99 | 31 2 | 27 | 18 | 6 | 7 |
| 37 34 | 27 99 | 34 | 26 | 27 99 | 3 99 | 31 98 | 28 | 18 | 6 | 8 |
| 38 63 | 28 98 | 35 | 27 | 28 98 | 3 99 | 32 97 | 29 | 18 | 6 | 9 |
| 39 92 | 29 94 | 36 | 28 | 29 94 | 3 99 | 33 93 | 30 | 19 | 6 | 9 |
| 41 21 | 30 90 | 37 | 29 | 30 90 | 3 99 | 34 89 | 31 | 19 | 6 | 10 |
| 42 50 | 31 86 | 38 | 30 | 31 86 | 3 99 | 35 85 | 31 | 19 | 7 | 11 |
| 43 79 | 32 85 | 39 | 31 | 32 85 | 3 99 | 36 84 | 32 | 20 | 7 | 11 |
| 45 8 | 33 81 | 40 | 32 | 33 81 | 3 99 | 37 80 | 33 | 20 | 7 | 12 |
| 46 37 | 34 77 | 41 | 33 | 34 77 | 3 99 | 38 76 | 34 | 21 | 7 | 12 |
| 47 66 | 35 73 | 42 | 34 | 35 73 | 3 99 | 39 72 | 35 | 21 | 7 | 13 |
| 48 95 | 36 72 | 43 | 35 | 36 72 | 3 99 | 40 71 | 36 | 21 | 7 | 14 |
| 50 24 | 37 68 | 44 | 36 | 37 68 | 3 99 | 41 67 | 37 | 22 | 7 | 14 |
| 51 53 | 38 64 | 45 | 37 | 38 64 | 3 99 | 42 63 | 38 | 22 | 7 | 15 |
| 52 82 | 39 60 | 46 | 38 | 39 60 | 3 99 | 43 59 | 38 | 23 | 8 | 15 |
| 54 11 | 40 59 | 47 | 39 | 40 59 | 3 99 | 44 49 | 39 | 23 | 8 | 16 |
| 55 40 | 41 55 | 48 | 40 | 41 55 | 3 99 | 45 54 | 40 | 23 | 8 | 17 |
| 56 69 | 42 51 | 49 | 41 | 42 51 | 3 99 | 46 40 | 41 | 24 | 8 | 17 |
| 57 98 | 43 47 | 50 | 42 | 43 47 | 3 99 | 47 46 | 42 | 24 | 8 | 18 |
| 59 27 | 44 46 | 51 | 43 | 44 46 | 3 99 | 48 45 | 43 | 25 | 8 | 18 |
| 60 56 | 45 42 | 52 | 44 | 45 42 | 3 99 | 49 41 | 43 | 25 | 9 | 19 |
| 61 85 | 46 48 | 53 | 45 | 46 48 | 3 99 | 50 47 | 44 | 26 | 9 | 19 |
| 63 14 | 47 34 | 54 | 46 | 47 34 | 3 99 | 51 33 | 45 | 26 | 9 | 20 |
| 64 43 | 48 33 | 55 | 47 | 48 33 | 3 99 | 52 32 | 46 | 27 | 9 | 20 |
| 65 72 | 49 29 | 56 | 48 | 49 29 | 3 99 | 53 28 | 47 | 27 | 9 | 21 |
| 67 1 | 50 25 | 57 | 49 | 50 25 | 3 99 | 54 24 | 47 | 27 | 10 | 22 |
| 68 30 | 51 23 | 58 | 50 | 51 21 | 3 99 | 55 20 | 48 | 28 | 10 | 22 |
| 69 59 | 52 20 | 59 | 51 | 52 20 | 3 99 | 56 19 | 49 | 28 | 10 | 23 |
| 70 88 | 53 16 | 60 | 52 | 53 16 | 3 99 | 57 15 | 50 | 28 | 10 | 23 |

# CHAPITRE XXVI.

### DES BASES QUI SERVENT AUX ÉVALUATIONS.

Pour faire apprécier d'une manière incontestable les résultats économiques que l'emploi bien entendu de notre système de panification amènerait, nous avons adopté des bases rationnelles et qui peuvent être facilement contrôlées par les personnes qui s'intéressent à la solution d'une question à laquelle sont attachés les intérêts les plus sérieux.

Notre mode général de manipulation, qui joint la mouture à la boulangerie et qui permet d'extraire de toutes les basses matières des produits panifiables, nous oblige à ne pas adopter le taux de blutage généralement admis dans les minoteries et autres établissements analogues.

Cependant la perte en mouture est évaluée à 2 0[0.

Nous avons adopté l'extraction à 12 0[0, quoiqu'il soit possible de réduire le chiffre des basses matières extraites à 10 et même à 8 0[0.

Les rendements en pain sont évalués à 132,50 par 100 kilog. de farine de froment indigène.

Les rendements de blé dur de l'Algérie, mêlé au froment indigène dans la proportion de 35 0[0, sont évalués à 140 0[0.

Les produits dits pain de mélange, composé de 35 0[0 de farine de parmentière, 30 0[0 de blé dur d'Algérie et 35 0[0 de blé indigène, sont évalués au rendement de 136 0[0.

Nous évaluons la dépense en combustible à 2 kilog. par cheval de force et par heure, y compris la cuisson du pain : le prix du combustible à Paris est fixé à 33 fr. la tonne.

Le prix de la fleur de parmentière est fixé à 15 fr. le quintal métrique.

L'intérêt industriel du capital est fixé à 6 0[0.

L'usure et le renouvellement des machines ne sont portés qu'à 10 0[0, attendu que, dans le système, la détérioration est moins rapide que dans toutes les autres machines.

Les frais d'impôt, d'administration, de vente, les dépenses extraordinaires, se compensent par la vente des basses matières.

La main-d'œuvre est basée sur un taux moyen entre le prix payé à Paris et celui de quelques villes de tout ordre des départements; on le comprend, ces chiffres n'ont rien de déterminatif; ils servent à donner une base au travail d'évaluation.

On nous a présenté souvent l'objection sérieuse que, pour la conduite et la gestion d'un établissement créé d'après notre système, il était indispensable d'avoir des mécaniciens spéciaux et des ouvriers exclusivement aptes au nouveau travail de la fabrication du pain. Nous prévenons les personnes qui pourraient être sous l'influence de cette pensée qu'un garde-moulin, d'une intelligence ordinaire, peut, après une étude de huit à dix jours, surveiller, entretenir et au besoin réparer toutes les parties de son matériel. De plus, des instructions très-détaillées sont remises à chaque acquéreur, et il lui est facile de s'assurer du parfait état de chacune des pièces qui constituent le système.

---

# CHAPITRE XXVII.

## DES DEVIS GÉNÉRAUX POUR LES CONSTRUCTIONS DES MANUTENTIONS.

La plupart des systèmes de boulangerie perfectionnée que l'on a proposé d'établir exigeaient des emplacements considérables et des dépenses importantes, dépassant de beaucoup les ressources ordinaires des personnes disposées à adopter et à propager une amélioration réelle dans cette partie de l'alimentation publique.

Outre l'extrême simplicité de notre système, nous avons, sur tous ceux que l'on a proposés, et même sur ceux que l'on cherche en ce moment à faire admettre au public, malgré la contrefaçon évidente de notre découverte, l'immense avantage de pouvoir construire des manutentions complètes à des prix qui doivent en propager l'emploi.

La valeur des constructions n'étant pas uniforme, nous avons dû adopter la moyenne entre les prix des matériaux et de la main-d'œuvre à Paris, et ceux des mêmes articles de dépenses dans quelques-unes des principales villes.

Bien que les dimensions et les dispositions que nous allons proposer ne soient pas invariables, attendu que le système complet peut être placé dans toutes les localités et se prêter partout aux exigences de chaque boulangerie, nous préférons néanmoins la disposition que nous indiquons ci-après, et qui sert de base à l'évaluation des frais d'établissement, parce que c'est la forme la plus avantageuse, la plus économique et la plus convenable pour le travail.

Dans de certaines localités, les associations alimentaires qui se décideraient à adopter notre système de manutention économique trouveront aisément des bâtiments propres à y établir une boulangerie. Cette réduction de mise première facilitera de beaucoup la fondation.

# QUATRIÈME PARTIE.

## CHAPITRE XXVIII.

### PRIX DES APPAREILS DE CHACUN DES MODÈLES.

En apportant le plus grand soin dans l'établissement des modèles de machines et appareils, en s'appliquant à y économiser le plus possible la main d'œuvre, sans nuire à la bonne construction et au bon service, nous pensons qu'on pourrait livrer aux prix ci-dessous ces machines et appareils, pris dans les ateliers, expédiés et mis en place aux frais des acquéreurs.

Les trois modèles uniformes qui ont été adoptés représentent : n° 1, six chevaux-vapeur ; n° 2, quatre chevaux-vapeur, et le n° 3, de la force de trois chevaux.

**Modèle n° 1.**

*Six chevaux-vapeur.*

| | | |
|---|---|---|
| 1 | Four-générateur à cuire le pain, avec alimentation | 2,500 f. |
| 2 | Un moulin, une paire de meule avec le moteur, le bâtis, distributeur | 2,000 |
| 3 | Une meule supplémentaire | 400 |
| 4 | Un nettoyeur de blé à cylindre et à brosses | 200 |
| 5 | Un décortiqueur n° 1 | 300 |
| 6 | Une bluterie de quatre divisions n° 1 | 300 |
| 7 | Un pétrisseur double avec son moteur | 800 |
| 8 | Une machine à extraire, pour les sons | 200 |
| 9 | Un moulin à riz avec bluterie | 400 |
| 10 | Une pompe avec filtre | 150 |
| 11 | Un jeu de pannetons de 80 pièces à 2 50 | 150 |
| 12 | Un conservateur de blé, à 40 fr. le mètre cube | » |
| 13 | Un réservoir à farine avec compteur, à 50 fr. le mètre cube | » |
| 14 | Tuyau de conduite d'eau et de vapeur, à 5 fr. le mètre | » |
| 15 | Mise en place et menus frais | 600 |
| | Total | 8,000 f. |

**Modèle n° 2.**

*Quatre chevaux-vapeur.*

| | | |
|---|---|---|
| 1 | Un four générateur avec alimentation | 2,200 f. |
| 2 | Un moulin, meules de 1 mètre, le moteur, bâtis, distributeur | 1,800 |
| 3 | Une meule supplémentaire | 300 |
| 4 | Un nettoyeur de blé à cylindre | 200 |
| 5 | Un décortiqueur n° 2 | 250 |
| 6 | Une bluterie, trois divisions | 250 |
| 7 | Un pétrisseur avec son moteur | 600 |
| 8 | Une machine à extraire les sons | 200 |
| 9 | Un moulin à riz avec bluterie | 400 |
| 10 | Une pompe avec filtre | 150 |
| 11 | Un jeu de pannetons, 60 à 2 50 | 150 |
| 12 | Un conservateur de blé à 40 fr. le mètre | » |
| 13 | Un réservoir à farine avec compteur, à 50 fr. le mètre | » |
| 14 | Tuyau de conduite d'eau et de vapeur, à 5 fr. le mètre | » |
| 15 | Mise en place et menues dépenses | 500 |
| | Total | 7,000 f. |

**Modèle n° 3.**

*Trois chevaux-vapeur*

| | | |
|---|---|---|
| 1 | Un four générateur avec alimentation | 2,000 f. |
| 2 | Un moulin, meules de 0,80, moteur, bâtis, etc. | 1,500 |
| 3 | Une meule supplémentaire | 250 |
| 4 | Un nettoyeur de blé | 200 |
| 5 | Un décortiqueur | 200 |
| 6 | Une bluterie, trois divisions | 200 |
| 7 | Un pétrisseur double avec son moteur n° 2 | 600 |
| 8 | Une machine à extraire les sons | 200 |
| 9 | Un moulin à riz et bluterie | 400 |
| 10 | Une pompe sans filtre | 100 |
| 11 | Un jeu de pannetons, 40 à 2 50 | 100 |
| 12 | Un conservateur de blé à 40 fr. le mètre cube | » |
| 13 | Un réservoir à farine à 50 fr. le mètre cube | » |
| 14 | Tuyau de conduite pour la vapeur et l'eau, à 50 fr. le mètre | » |
| 15 | Mise en place et menues dépenses | 450 |
| | Total | 6,200 f. |

*Accessoires et menu outillage pour chaque modèle.*

| | | |
|---|---|---|
| 1 | Une grue pour soulever les meules | 300 f. |
| 2 | Une cheminée en tôle, 14 mètres environ | 500 |
| 3 | Un tire-sacs | 150 |
| 4 | Distributeurs à hélice, 20 mètres à 20 fr. | 400 |
| 5 | Un saleur avec robinets | 60 |
| 6 | Un mélangeur avec tubes et robinets | 100 |
| 7 | Chaînes à godets, 30 mètres à 6 fr. | 180 |
| 8 | Cent sacs en toile à 2 fr. 50 | 250 |
| 9 | Pelles, tisonniers, clés, etc. | 80 |
| 10 | Marteaux et outils de meunerie | 80 |
| 11 | Bras de rechange pour le pétrisseur | 70 |
| | Total | 2,170 f. |

Notre système de machine à battre le blé, locomobile et fixe, marchant à la vapeur, à bras ou à manège, réalise un progrès important.

# CHAPITRE XXIX.

## DÉPENSES APPROXIMATIVES.

### 1° *Pour une manutention produisant 12,000 kil. de pain par jour.*

Une manutention destinée à produire journellement de 10 à 12,000 kil. de pain exigerait l'emploi de cinq fours complets de six chevaux-vapeur chacun, dont quatre fours en activité et un four générateur de réserve.

L'emplacement nécessaire à cette fabrication pour le travail intérieur, sans les cours et autres dépendances, est d'environ 300 mètres superficiels de terrain.

Nous établirons nos calculs sur le prix approximatif d'une manutention complète et agencée pour y employer cinq fours avec générateur de six chevaux-vapeur.

Les prix des matériaux et de la main-d'œuvre sont ceux de Paris et des environs.

Les murs sont construits en briques, la charpente en bois de sapin rendu incombustible et indestructible, la couverture en zinc, le rez-de-chaussée est asphalté.

Le bâtiment de la manutention figure un parallélogramme de 20 mètres de longueur sur 15 de largeur, formant rez-de-chaussée, premier et second étage. La hauteur de chaque étage est de 2 mètres 25 cent. : le bâtiment aura donc, y compris la couverture, environ 9 mètres de hauteur.

Sur cette longueur de 20 mètres, il est bon d'ajouter un espace de 6 mètres sur toute la largeur qui est destinée à former hangar et une petite cour, dans le but d'y emmagasiner les combustibles et de tamiser les cendres, qui contiennent encore beaucoup de matières combustibles propres à être mélangées avec la houille.

Le rez-de-chaussée est occupé sur une largeur de 15 mètres.

| | | |
|---|---|---|
| 1° Le magasin et le bureau de vente. . . . . . . . . | 4 | — |
| 2° Les fours, les moulins, les pétrisseurs, etc. . . . . . | 10 | — |
| 3° Le hangar et la cour. . . . . . . . . . . . . . . . | 6 | — |
| Total. . . . . . . | 20 | mètres. |

Le premier étage contiendra, outre le logement du boulanger, des magasins à céréales, les conservateurs de blés et de farines, etc.

Le second étage servira exclusivement à l'emmagasinage des marchandises, aux conservateurs, aux réservoirs, etc.

Les tarares et les bluteries seront placés immédiatement au-dessus de la toiture, de manière à utiliser la pesanteur de toutes les matières employées pour servir à l'emmagasinage, et afin d'éviter l'emploi d'un trop grand nombre de chaînes à godets, qui exigent, pour leur mise en marche, une force motrice utilisée ailleurs pour le service de l'usine.

C'est dans ce but que l'introduction des céréales s'effectue également à la partie la plus élevée du bâtiment; une construction y est ménagée pour y recevoir le blé, qui va directement, soit en conservation s'il est bien épuré, soit dans le tarare s'il s'y trouvait encore des impuretés dont il importe de le débarrasser pour pouvoir conserver le blé avec plus d'avantages.

Pour diminuer autant que possible les frais de premier établissement, on pourrait employer des cheminées en tôle galvanisée au lieu des cheminées en briques, dont le prix est très dispendieux.

Nous avons évalué arbitrairement l'achat du terrain à 10 fr. le mètre, en admettant que ce soit le prix moyen pour Paris et les grandes villes susceptibles d'employer une manutention économique montée sur une grande échelle.

***Prix approximatif d'une manutention complète employant cinq fours avec une force motrice de six chevaux-vapeur.***

**MACHINES ET MATÉRIEL.**

| | | | |
|---|---|---|---|
| 5 | fours modèle n° 2, avec générateur de six chevaux | 2,500 fr. — | 12,500 fr. |
| 3 | cheminées en tôle et briques | 500 | 1,500 |
| 10 | moulins complets avec meules de 1 mètre 30 | 2,000 | 20,000 |
| 1 | grue pour les meules | 300 | 300 |
| 4 | pétrisseurs doubles à la vapeur, modèle n° 1 | 800 | 3,200 |
| 5 | bluteries | 300 | 1,500 |
| 5 | tarares et leurs chaînes à godets | 300 | 1,500 |
| 1 | pompe complète avec son filtre | 250 | 250 |
| 2 | tire-sacs complets | 150 | 300 |
| 4 | distributeurs à hélice en fonte, 100 m. | 20 | 2,000 |
| 40 | mètres cubes de conservateurs de blé, à 40 fr. | — | 1,600 |
| 40 | mètres cubes de réservoirs à farine, à 50 fr. | — | 2,000 |
| 5 | balances à justification | 250 | 1,250 |
| 2 | saleurs complets en tôle galvanisée | 150 | 300 |
| 5 | mélangeurs avec pomme d'arrosoir, tubes et robinets | 80 | 400 |
| | Montage, mise en place, etc. | — | 1,800 |
| | Total | | 60,000 fr. |

**BATIMENT.**

| | | |
|---|---|---|
| 300 | mètres carrés de terrain à 10 fr. | 3,000 fr. |
| 1,600 | mètres carrés de briquetage à 16 fr. | 25,600 |
| 450 | mètres carrés de charpente et de plancher à 15 fr. | 6,750 |
| 340 | mètres superficiels de charpente et de couverture en zinc, n° 14, à 11 fr. | 3,740 |
| 340 | mètres d'asphalte avec couches de béton à 6 fr. | 2,040 |
| | Portes, fenêtres, menuiseries diverses | 4,000 |
| | Gonds, charnières, serrureries diverses | 3,000 |
| | Peintures et vitrerie | 3,000 |
| | Conduites d'eau et de gaz | 3,000 |
| | Dépenses imprévues | 5,870 |
| | Prix du bâtiment | 60,000 fr. |

**MENU-OUTILLAGE.**

| | | |
|---|---|---|
| 750 | pannetons métalliques à 2 fr. 50 c. | 1,875 fr. |
| 300 | sacs en toile à 3 fr. | 900 |
| | Pelles, tisonnier, etc., pour le service du four | 400 |
| 10 | bras de rechange pour le pétrisseur | 150 |
| | Racloirs, clés, etc., pour le service de la machine | 150 |
| | Marteaux à rhabiller, outils de meunerie | 200 |
| | Dépenses non prévues | 325 |
| | Prix du menu-outillage | 4,000 fr. |

**Récapitulation :**

| | |
|---|---|
| Prix des machines et du matériel | 60,000 fr. |
| Prix du terrain et du bâtiment | 60,000 |
| Prix du menu-outillage | 4,000 |
| Approvisionnement en matières premières | Mémoire. |
| Total | 124,000 fr. |

Le prix approximatif d'une manutention complète de 30 chevaux-vapeur serait donc d'environ 124,000 fr.

Nous ne pouvons donner ici la dépense nécessaire à l'achat des blés, la variation continuelle du prix de cette marchandise rend cette évaluation trop mobile pour que nous puissions nous en occuper ici.

Les règlements actuels qui régissent le commerce de la boulangerie exigent le dépôt, dans des magasins publics, d'une quantité de blé ou de farine destinés à faire face aux besoins de l'approvisionnement; à Paris et dans quelques grandes villes, l'autorité a déterminé le classement des boulangeries sur la quantité des produits journellement livrés à la consommation ; c'est sur la production qu'est basée la quantité de matières premières exigées en garantie de dépôt.

2° *Frais d'installation pour une manutention pouvant produire* 2,000 *kil. de pain par jour.*

Les appareils série n° 2, de la force de 4 chevaux, marchant sans interruption, peuvent faire face à une consommation de 4,000 bouches calculée sur la quantité de 500 grammes par tête.

| | |
|---|---|
| A Dépenses du matériel. . . . . . . . . . . | 10,000 fr. |
| B Menu-outillage. . . . . . . . . . . . | 1,500 |
| C Bâtiments et terrain. . . . . . . . . . . | 15,500 |
| Total. . . . | 27,000 fr. |

Cette dépense pourrait être réduite si on supprimait une partie des engins qui exécutent automatiquement des travaux de transport, etc. ; mais dans ce cas, il y aurait nécessairement une augmentation dans la main d'œuvre, et, par suite, dans le prix de revient.

3° *Frais d'installation pour une boulangerie fabriquant* 1,000 *kil. de pain en* 24 *heures, ou seulement* 500 *kil. en ne travaillant que le jour.*

On applique le système modèle n° 3, de la force de 3 chevaux-vapeur, on y peut aisément supprimer plusieurs appareils que l'on remplace par le travail manuel.

Voici le relevé des appareils rigoureusement nécessaires pour une manutention ordinaire qui pourrait produire de 1,000 à 1,200 kil. de pain ou seulement de 3 à 500 kil. par jour de travail intermittent.

| | |
|---|---|
| 1 Un four générateur. . . . . . . . . . . . . . . . | 2,000 fr. |
| 2 Un moulin, moteur, bâtis, etc. . . . . . . . . . . . . | 1,500 |
| 3 Un nettoyeur de blé. . . . . . . . . . . . . . . | 200 |
| 4 Une bluterie. . . . . . . . . . . . . . . . . | 250 |
| 5 Un pétrisseur double. . . . . . . . . . . . . . | 600 |
| 6 Une machine à extraire les sons. . . . . . . . . . . | 200 |
| 7 Un moulin à riz complet. . . . . . . . . . . . . | 400 |
| 8 Une pompe sans filtre. . . . . . . . . . . . . . | 100 |
| 9 Un jeu de pannetons. . . . . . . . . . . . . . . | 100 |
| 10 Huit mètres cubes de conservateur de blé. . . . . . . . | 320 |
| 11 Dix mètres cubes de réservoir à farine. . . . . . . . | 500 |
| 12 Tuyaux de conduite, 15 mètres à 6 fr. . . . . . . . | 90 |
| 13 Une cheminée en tôle, vernie. . . . . . . . . . . | 300 |
| 14 Vingt sacs en toile à 2 fr. 50 c. . . . . . . . . . | 50 |
| 15 Pelles, tisonniers, clés, marteaux, etc. . . . . . . . . | 90 |
| Total. . . . . | 6,700 fr. |

Nous ne comptons pas ici le prix de la construction, le matériel pouvant aisément se placer dans une salle ayant 6 mètres de côté, surmontée d'un étage de la même superficie pour l'emmagasinage des marchandises.

# CHAPITRE XXX.

## DE LA RÉORGANISATION DES MANUTENTIONS MILITAIRES.

L'application de notre système dans les manutentions militaires appartenant à l'État doit réaliser des économies considérables en permettant de concentrer, comme dans les manutentions civiles, toutes les opérations qui constituent la fabrication des vivres (pains et biscuits) pour l'armée, la marine et les approvisionnements.

Le mode de justification et de comptabilité mécanique que nous avons adopté pour l'usage de tous nos appareils vient concourir à simplifier le contrôle et la surveillance de la manipulation des grains, des farines et des produits.

Il existe très-peu de boulangeries militaires, en France, qui réunissent la mouture à la boulangerie; dans presque toutes, la mouture des céréales se fait par entreprise, par adjudication, au grand détriment de l'État et aux dépens de la nutrition du soldat, qui pâtit de cet état de choses.

Nous n'avons pas besoin d'édifier les personnes compétentes sur les fraudes inouïes qui se commettent tous les jours sous un prétexte que certaines sortes de gens admettent; ainsi, des meuniers savent remplacer les grains de bonne qualité, confiés à la mouture sous la surveillance du sous-officier chargé de ce service, par du mauvais blé, trop souvent avarié; comment, par des conduits dissimulés avec une habileté diabolique, la farine moulue est passée préalablement dans des bluteaux muets et, dépouillée ainsi de sa quintescence, produit un pain naturellement insalubre; comment d'autres enfin parviennent à introduire des matières hétérogènes en remplacement des bonnes marchandises qui sont confiées à leur probité. Nous n'en finirions pas si nous voulions reproduire ici tout ce que l'amour du lucre fait faire de bassesses à de certains hommes.

Bien que nous n'entendions, pour notre part, porter aucune accusation contre quiconque peut se trouver dans le cas de prêter son concours dans les travaux qui ont pour objet l'alimentation des troupes, nous n'en maintenons pas moins notre opinion que la concentration, dans chaque usine militaire, de la mouture et de la boulangerie par l'emploi des moyens absolument mécaniques, serait un bienfait inappréciable pour l'Etat, qui réaliserait annuellement plusieurs millions d'économies sur les vivres de la troupe; le soldat verrait son bien-être matériel s'accroître par une nourriture plus saine, plus substantielle, et son moral s'agrandirait par le sentiment de la sollicitude de l'Etat pour tout ce qui touche de près à l'amélioration du sort des défenseurs du pays.

Le contrôle de MM. les inspecteurs-généraux et Intendants militaires, en ce qui concerne l'alimentation des troupes, sera aussi considérablement simplifié; les entrées et les sorties, se justifiant pour ainsi dire d'elles-mêmes, viendraient rendre un immense service à l'administration, en supprimant une foule de rouages dont la complication vient trop souvent nuire à la bonne expédition des affaires et aux besoins du service.

Les travaux de surveillance spéciale en ce qui concerne les machines et outils pourraient être exécutés par des sous-officiers du génie ou des comptables d'administration qui seraient détachés, à titre d'élèves mécaniciens, près de la manutention modèle, afin d'y puiser les connaissances nécessaires pour faire face à tous les travaux d'entretien, de réparation, de renouvellement ou même d'édification de nouvelles manutentions militaires.

Le personnel des ouvriers-soldats pourrait être considérablement réduit par l'adoption de cette nouvelle base d'opérations. L'alimentation de la troupe suivant des phases à peu près invariables, il pourrait être créé des boulangeries militaires qui seraient dans la possibilité de faire face à toutes les éventualités.

En outre, comme la conservation indéfinie des céréales n'est plus aujourd'hui un problème à résoudre, il serait avantageux et prudent, dans les villes fortes, par exemple, de pouvoir faire face à toutes les éventualités d'alimentation et de subsistance en pains et biscuits. On pourra, en cas de nécessité, emmagasiner pour une ou même deux années de blé et de combustible : on sera certain que le soldat ne manquera pas de pain, et la reddition des places fortes par la famine de la garnison sera devenue une chose impossible.

Nous donnons comme terme de comparaison le résultat d'une journée de travail, en vue d'une consommation de 4,000 rations par jour.

PRODUIT D'UN FOUR DE SIX CHEVAUX-VAPEUR.

Résultat d'une journée de travail de 24 heures dans une manutention militaire, munie d'un panificateur complet du système de Waet, de la force de 6 chevaux-vapeur, fabricant 4,000 rations de pain dit de munition, composé de 75 p. 100 de farine de froment blutée à 20 p. 100 (mouture plate), que l'extraction des matières panaires contenues dans le son aura réduite à 12 p. 100, et de 25 p. 100 de farine dite parmentière. Ce pain sera beaucoup plus blanc que celui qui est livré à la troupe, depuis le dernier décret sur le pain du soldat.

*Dépenses.*

| | | |
|---|---|---|
| 15 quintaux 87 de blé premier choix à 40 fr. rendus en usine. . . . . . . . . . . . . . . . . | 634 fr. | 80 c. |
| 789 kil. de farine parmentière à 12 fr. les 100 kil. . . | 94 | 68 |
| 250 kil. de houille à 30 fr la tonne. . . . . . . . | 7 | 50 |
| 4,25 kil. de levure à 1 20 le kil. . . . . . . . . | 5 | 10 |
| 4,25 kil. de sel à 25 c. le kil. . . . . . . . . . | 1 | 5 |
| 1 chef d'atelier sous-officier, solde, masse, supplément, 2 50. . . . . . . . . . . . . . . . . | 2 | 50 |
| 6 soldats ouvriers, solde, masse, supplément, 1 75. . | 10 | 50 |
| Intérêts du capital, approvisionnement, etc., 50,000 fr. à 5 p. 100. . . . . . . . . . . . . . | 6 | 85 |
| Frais divers, entretien du matériel, comptabilité, etc., etc. . . . . . . . . . . . . . . . . | 21 | 59 |
| Total des dépenses. . . . | 784 fr. | 57 c. |

*Recettes.*

| | | |
|---|---|---|
| 186 kil. de son pressé, à 8 fr. les 100 kil. . . . . . | 14 | 88 |
| 4,000 rations de pain de 750 grammes chacune à 19 c. . . | 769 | 69 |
| Recettes égales aux dépenses. . . . | 784 | 57 |

Ainsi, il est possible de produire le pain du soldat, infiniment plus blanc et aussi nutritif que celui qui est consommé aujourd'hui, au prix de 19 c. la ration de 750 grammes. Le rendement en pain est basé sur celui de 139 p. 100, ainsi que cela se pratique généralement dans les manutentions militaires.

La ration de pain produite aujourd'hui dans la manutention militaire de Paris, revient à l'Etat à 27 c. Ce prix est plus élevé pour toutes les autres manutentions.

L'établissement des manutentions militaires montées d'après notre système présenterait des économies tellement considérables qu'en peu de temps il couvrirait les frais d'établissement et deviendrait, par la suite, une source d'économies dont le chiffre doit s'élever progressivement.

## CHAPITRE XXXI.

### AMÉLIORATION DU TRAVAIL ET DES PRODUITS.

La question si importante de la parfaite salubrité des subsistances, et surtout de la fabrication perfectionnée du pain, cet aliment par excellence, a été traitée d'une manière si complète par MM. Payen, Dumas, Boussingault et d'autres sommités scientifiques, que nous renonçons à en parler ici; cependant nous ne pouvons nous dispenser de reproduire une notice parue dans la *Gazette des hôpitaux*, de M. le docteur Paulet (de Bordeaux), qui traite la question avec cet esprit d'observation et de haute appréciation qui le distingue.

« Le pain et les biscuits subissent un genre d'altération qui enlève aux marins et aux habitants des campagnes une grande quantité d'aliments, et qui a la plus fâcheuse influence sur la santé publique.

» Souvent les marins, et surtout ceux qui sont attachés au cabotage, se nourrissent, après quelques jours de navigation, avec du pain couvert de champignons, et font leur repas, à la fin des traversées, avec des biscuits altérés par les mêmes amphigames.

» Pendant l'été et l'automne, les populations rurales qui sont à une certaine distance des villes mangent beaucoup de pain moisi; elles jettent celui qui est trop gâté, et elles contractent des prédispositions morbides dans une nourriture aussi malsaine.

» L'aliment fait la santé, la santé fait le caractère, la pensée, le jugement. Les déterminations ont des rapports de cause à effet si intimes, d'un autre côté la vie est si dure pour tant de pauvres gens, que l'étude de l'altération du pain et des moyens de la combattre peut rendre des services et doit intéresser.

## ALTÉRATION DU PAIN.

» Placés dans des conditions spéciales de chaleur, d'humidité, de lumière et d'électricité, sollicités par toutes les affinités qui produisent la fermentation putride, les radicaux du pain, l'oxygène, l'hydrogène, le carbonate et l'azote, exercent les uns sur les autres des actions qui donnent naissance à des végétations acotylédones, amphigames de la famille des fungacées.

» Ces champignons, du genre mucor mucedo, ou moisissures, constituent dans le pain une altération qui a des rapports de classe et de famille avec la maladie de la pomme de terre, du blé, du seigle, du maïs et du raisin.

» Observées à la loupe, ou même à l'œil nu, les moisissures paraissent formées par un filet très fin, de quelques millimètres de longueur, et renflé à son extrémité libre; tantôt leurs stipes ou pédicules, simples, disposés avec ordre, représentent de charmantes allées microscopiques vertes, jaunes, blanches, grises, noires et bleues, tantôt ramifiés à l'infini, ils se croisent, s'enlacent, se marient de tant de manières, qu'ils prennent l'aspect de massifs que l'œil ne peut pénétrer, et qui reflètent les couleurs les plus variées.

» Les mucor mucedo exhalent une odeur forte, désagréable, et ont un goût qui excite à vomir. Quelques heures suffisent à leur évolution organique; la chaleur et l'humidité leur sont très favorables; aussi est-ce pendant l'été et l'automne, dans le pain préparé avec peu de sel, avec une trop grande quantité d'eau, avec peu de levain, avec des farines avariées, sophistiquées, pétries à la hâte, dans le pain mal cuit, tenu longtemps dans des lieux où l'air ne circule pas, qu'ils se manifestent avec la plus grande promptitude. Dans les navires et les forteresses, où il y a toujours de l'humidité, les biscuits sont aussi très exposés à moisir.

» MM. de Mirbel, Payen, Dumas, Pelouze, ont observé en 1843, au mois de juillet, pendant que la température était très élevée et coïncidait avec une grande humidité, que les pains de munition distribués et rangés sur des tablettes dans les baraques construites pour le camp sous Paris, étaient altérés par une moisissure d'un rouge orangé, par l'oïdium aurantiacum.

» L'état de la meunerie, dans les petites localités, perpétue les causes des mucor mucedo.

» Les meuniers se servent souvent d'appareils anciens, qui font de mauvaise farine (1). D'un autre côté, des colons, des journaliers, des tâcherons, des petits propriétaires, qui, en mai, ont épuisé leurs ressources et qui ont besoin d'avances pour vivre jusqu'à la récolte, les entourent, les sollicitent et rendent la spéculation facile. Dès lors les meuniers, certains que de pareils emprunteurs, qui cependant payent toujours, ne discuteront ni la quantité, ni la qualité, peuvent impunément prélever l'indemnité de mouture sur la farine blutée plutôt que sur la farine sortant du moulin, mettre cette farine dans un lieu humide pour lui donner du poids, la couper, comme Fourcroy, Vauquelin, Barruel, Orfila l'ont supposé dans leurs études des sophistications, avec du son, avec des farines de sortes inférieures, voire même avec du sable, avec du sulfate de chaux ou plâtre, avec du carbonate de chaux ou craie, avec du sous-carbonate de potasse, avec du sulfate d'alumine et de potasse, etc.

» Loin de moi, assurément, la pensée d'accuser; mais à la campagne, les clients d'un moulin n'affirment-ils pas que le pain leur a prouvé que le meunier a mérité des reproches? ne disent-ils pas également qu'il faut accepter ce qu'il ne leur est pas possible d'empêcher? que tous les meuniers du voisinage ont le même genre d'habileté, et que la farine est bien la chose sur laquelle il faut le plus fermer les yeux si l'on ne veut être sans cesse en querelle?...

(1) L'établissement des moulins ordinaires, et quelquefois des vastes minoteries sur des cours d'eau souvent alimentés par des étangs et des marais, est une des causes capitales qui tendent à détériorer très vite les farines. Celles-ci, moulues trop rapidement, s'échauffent; elles absorbent des principes nuisibles, et lors de la panification font payer chèrement aux consommateurs l'incurie des manipulateurs des blés et des farines.

Un pareil état de choses cesserait infailliblement s'il était fait un plus fréquent usage de moulins à vapeur. Que l'on ne s'effraye pas, les perfectionnements apportés dans l'application de cette étonnante puissance permettent aujourd'hui d'établir des moulins à vapeur de une ou deux paires de meules, à la portée d'un garde-moulin de médiocre intelligence, à des prix infiniment plus réduits que ne reviennent les moulins à eau, et surtout les moulins à vent.

» La boulangerie est dans des conditions également fâcheuses.

» La farine, sur laquelle la séparation de la meunerie et de la boulangerie donne lieu à des spéculations préjudiciables aux consommateurs et aux producteurs, est soumise, dans les villes, à des procédés de panification dispendieux, malsains et répugnants. Les instruments dont on se sert sont, en général, ce qu'ils étaient il y a plusieurs siècles ; ils n'économisent par leur disposition ni le temps, ni la force ; ils nécessitent qu'on supplée à leur insuffisance par le nombre des travailleurs, ce qui augmente les frais et donne au pain une valeur artificielle qu'une fabrication plus rationnelle lui enlèverait.

» Les ouvriers boulangers, en dirigeant le feu des fours, en travaillant dans des caves humides, privées d'air, placées à la proximité de fosses fétides, gagnent des maladies si nombreuses, que la moyenne de leur vie est plus de moitié au dessous de celle des travailleurs des autres industries. Placés nus dans les pétrins, quoique leur corps ne soit pas d'une propreté irréprochable, ils mouillent la pâte de leur sueur et d'humeurs quelquefois viciées par des maladies ; ils l'imprègnent de matières ammoniacales et font du pain dans lequel on trouve des cheveux, des chiques de tabac, des masses noires dont l'origine est fort suspecte, un pain que les marins embarquent, qui s'altère facilement et qui prouve que le procédé de fabrication n'a point les qualités que la santé et la délicatesse publique réclament.

» Dans les petites localités, outre que les boulangers fabriquent à un prix très élevé, un jour on a du pain, et le lendemain on en manque ; un jour le pain est bon, et pendant une semaine il est de mauvaise qualité. Il résulte de ces irrégularités que les habitants des campagnes donnent leur grain aux meuniers, et que dès qu'ils ont la farine ils font la fournée ; mais comme ils ignorent l'art du boulanger, comme ils sont mal installés, leur pâte est dure ou trop molle, salée ou sans goût, acide ou pas assez fermentée ; elle renferme des grumeaux ; le pain est brûlé ou pas assez cuit, et après avoir perdu du temps, dépensé beaucoup de bois dans ces fours que l'on ne chauffe que tous les quinze jours, on obtient une substance compacte, noire, indigeste, malsaine, qui moisit avec une telle promptitude que les habitants des campagnes, dans les saisons chaudes, mangent et perdent une grande quantité de pain altéré par les mucor mucedo.

» Préparé avec cet aliment malsain, leur chyle fait un sang dont le sérum, les globules, donnent vite des signes d'altération, un sang qui porte sur les organes des stimulations ou trop faibles ou trop fortes, et trouble profondément leurs fonctions ; ils éprouvent les douleurs vives, déchirantes ou brûlantes du pyrosis ; ils ressentent des tiraillements, des crampes d'estomac, les éructations acides, les flatuosités, les angoisses, les faiblesses de la dyspepsie ; ils vomissent, ils deviennent jaunes, maigres, ils ont les symptômes de l'empoisonnement par les champignons vénéneux, et dès qu'ils supportent de longues fatigues, dès que le vent d'automne promène ses émanations végéto-animales, dès qu'une constitution épidémique se manifeste, ils contractent avec la plus grande facilité des inflammations gastro-intestinales, la fièvre typhoïde, les fièvres éruptives, intermittentes, la suette, le choléra, enfin des affections souvent mortelles, ou qui tout au moins occasionnent de longs chômages, des frais considérables, et qui éloignent de l'agriculture des travailleurs devenus déjà trop rares.

» Les avis que M. le docteur Munaret donne à ses confrères dans le *Médecin des villes et des campagnes* indiquent qu'il a aussi rencontré plus d'une fois des maladies produites par les causes que je signale.

» Prétendre, avec quelques personnes mal renseignées sur les détails de ces questions, que la boulangerie à la ville ne laisse rien à désirer, qu'à la campagne la panification est pratiquée avec le même soin qu'à la ville, que les mucor mucedo se développent rarement, que le pain et les biscuits altérés par ces amphigames n'ont point d'action sensible sur la santé des personnes qui les mangent, serait une contradiction d'abord avec ce qui est, avec ce que des auteurs très recommandables ont démontré, et, en second lieu, avec ce qu'il y a de plus élémentaire en hygiène ; car il est évident et il est admis que les substances alimentaires gâtées nuisent à la santé, qu'elles produisent des maladies, non pas toujours parce qu'elles sont toxiques, mais bien parce qu'elles ont changé d'état, parce qu'elles sont devenus réfractaires à l'action digestive, parce qu'elles fatiguent les organes sans les nourrir. Du reste, n'est-ce pas pendant l'été et l'automne que les moisissures se manifestent ? n'est-ce pas également à cette époque que les habitants des campagnes ont le plus de maladies ?

» Depuis longtemps la science se préoccupe de l'état de la boulangerie ; des livres, des mémoires, des rapports d'Académie ont été faits sur cette matière, et M. l'ingénieur de Waet, dominé par la pensée vraie qu'il est des industries qui gagnent à être unies et exercées d'après des principes vrais et reconnus par l'expérience ; que les produits de l'industrie sont d'autant meilleurs et à bon marché qu'ils passent plus directement des mains du producteur dans celles du consommateur, a créé un système mécanique admirablement bien combiné, dont l'application dans son ensemble forme un établissement appelé *manutention*, d'où le blé sort comme par enchantement, panifié dans toutes les conditions désirables d'hygiène, de saveur, de propreté et d'économie, sans avoir subi le contact humain.

» Ce système appliqué ouvrirait une carrière lucrative à une foule de personnes intelligentes, à tous ces pauvres meuniers et boulangers qui, malgré leur habileté, ne font point fortune ; il permettrait de satisfaire aux besoins des consommateurs, de payer les capitaux employés dans son application (5 *pour* 100, plus 1 *centime de bénéfice* par kilogramme de pain), et de délivrer au public un pain blanc, sain et nutritif à 25 centimes le kilogramme, le blé valant 40 francs le quintal métrique. Seulement, il nécessite des sommes d'argent qu'il n'est pas toujours facile de trouver. Mais si, à l'imitation de ce qui a été fait pour les chemins de fer, pour l'exploitation des produits viticoles, des usines, etc., on formait des sociétés; si l'on émettait des actions à bas prix; si l'*Etat*, les *conseils généraux* encourageaient ces sociétés en leur donnant des primes ou en garantissant un minimum d'intérêt, il naîtrait une noble émulation pour une entreprise qui a le mérite d'être une bonne œuvre et un placement d'argent avantageux; on aurait vite des ressources suffisantes, et l'on pourrait créer partout, à des distances relatives au nombre de la population, des *manutentions modèles*. Alors les habitants des campagnes comprendraient qu'il est aussi condamnable de laisser moisir le pain que de couper le blé avant sa maturité; ils abandonneraient une routine qui leur est préjudiciable; ils vendraient leurs grains, ou ils les échangeraient à la manutention pour un pain qui ne moisirait plus, parce qu'il serait bien fait, et parce qu'on aurait la faculté de le garder moins longtemps (1).

» Ce résultat équivaudrait à une augmentation de récolte, puisqu'il donnerait aux populations rurales le moyen de conserver sain le pain qu'elles mangent moisi et qu'elles perdent.

» Les années de disette coûteraient moins cher; la santé publique, qui, ordinairement après la disette, subit l'épidémie, serait moins menacée, et les masses, qu'une mauvaise alimentation dégrade successivement dans leurs organes, dans leurs instincts, dans leurs sentiments, dans leur intelligence, dans leur race, recevraient une impulsion régénératrice qui, en perfectionnant leurs fluides et leurs appareils, perfectionnerait leurs fonctions; plus fortes et plus intelligentes, elles produiraient une somme de travail plus considérable et elles augmenteraient leur bien-être; plus heureuses, elles cesseraient d'être accessibles aux mauvaises passions qui naissent de la misère, et les difficultés que de louables efforts éprouvent à développer le sens moral diminueraient.

» Que l'altération du pain, que ses causes et ses conséquences soient étudiées; que des manutentions modèles soient organisées, et l'on aura largement et avec profit ouvert la voie qui conduit à l'allégement des souffrances du pauvre et des charges qui pèsent sur toutes les classes de la société.

» Toutefois, les obstacles que rencontrent les choses utiles laisseront encore les causes qui produisent les *mucor mucedo* subsister assez longtemps pour que l'on ne doive pas négliger de rappeler qu'en été il faut réduire de dix centièmes la proportion d'eau employée dans la fabrication du pain, et augmenter la dose du sel en la portant de 200 à 400 grammes par quintal métrique de farine; que le calorique arrête la végétation des moisissures; que l'action nuisible des *mucor mucedo* est neutralisée par l'eau acidulée; que pour détruire les moisissures, pour les empêcher de continuer à se reproduire et pour éviter les maladies qu'elles concourent à faire naître, il faut, dès que le pain et les biscuits commencent à être altérés, les diviser en morceaux larges et minces, les mettre sur des claies, les exposer au soleil, ou les placer dans des fours préalablement chauffés, et que dès qu'ils sont très secs, sur le point d'être préparés en soupe ou mangés d'une autre manière, on doit prendre la peine de les laver une première fois à l'au froide fortement acidulée avec du vinaigre et une seconde fois à l'eau simple.

» Enfin, en attendant que la boulangerie mette complétement en pratique les enseignements de la science, on servira certainement les intérêts du public et des ouvriers boulangers si l'on use des pétrins et des fours de MM. Bolland et Rolland, ou du pétrisseur de M. Bouvet, ou enfin des appareils du système de Waet. Avec ces appareils, qui ne coûtent pas cher, qui n'exposent pas la santé des travailleurs, qu'il est facile de manœuvrer, on économisera le temps, le combustible, et l'on fera du pain bien supérieur, sous tous les rapports, à celui que l'on consomme aujourd'hui. »

---

(1) Il est de toute nécessité de faire connaître aux personnes qui s'intéressent au bien-être des masses que, depuis l'apparition de l'ouvrage de M. de Waet, des améliorations considérables ont été faites. Ainsi, il a été possible d'établir des manutentions-modèles de petite dimension, qui pourraient produire journellement 500 kilogrammes de pain, tout en concentrant la fabrication (mouture, blutage, cuisson) par l'utilisation complète du calorique qui sert à la cuisson du pain. L'auteur de ce système remarquable s'est efforcé de rendre son œuvre applicable aux besoins d'une commune de cent cinquante feux, comme à l'alimentation des grands centres manufacturiers. La réduction du prix du pain, qui en est la conséquence, varie de 10 à 25 p. 100, suivant l'importance de chaque manutention créée d'après le système de M. de Waet. Les prix d'établissement ne sont plus hors de portée des ressources de la petite industrie et des établissements de second et de troisième ordre.

# CHAPITRE XXXII.

## ÉCONOMIES CONSIDÉRABLES POUR L'ÉTAT ET POUR LE PUBLIC.

L'adoption du système de concentration de la fabrication du pain par la réunion de la meunerie à la boulangerie, par l'emploi des blés durs de l'Algérie, et par la vente du pain à prix de revient, plus un centime de bénéfice par kilog. de pain, réaliserait des économies immenses au profit des particuliers et de l'Etat.

En effet si, par les soins des autorités locales et de l'initiation privée, on adoptait les bases générales de l'amélioration que nous proposons, et que la moitié seulement de la population de l'Empire français pût être alimentée par les soins des associations et des établissements particuliers, possesseurs de boulangeries perfectionnées, on arriverait aux résultats qui suivent :

La France possède 37 millions d'âmes, dont la moitié soit 18,500,000 bouches consomment 500 grammes de pain en moyenne par jour, soit 9,250,000 kilog. de pain, lesquels, au taux de 50 centimes (prix moyen) par kilog., représente une dépense journalière de fr. 4,625,000.

Or, nous venons de prouver que nous apportions une réduction énorme sur le prix du pain, et que nous ne voulons évaluer qu'à 20 p. 0|0, quoiqu'elle soit supérieure à la date de ce jour. Ces 20 pour cent de réduction, sur le prix du pain de la moitié de la population, réaliseraient chaque jour 935,000 fr., soit une économie de plus de 171 millions pour un terme de six mois seulement.

Que l'on juge de l'immense avantage qu'il y aurait pour l'Empire français de voir réaliser, sur l'aliment indispensable, une économie de près d'un million par jour.

D'un autre côté, l'Etat et les communs n'auront plus à s'imposer extraordinairement, il suffira d'une simple garantie de *minimum* d'intérêt dans chacune des sociétés locales qui se créerait, pour que les fonds nécessaires à la création des manutentions perfectionnées fussent réalisés sur le champ avec enthousiasme.

Disons en passant que le bénéfice d'un centime par kilog. de pain et l'intérêt industriel prélevé sur le montant des frais généraux, assure aux intéressés des manutentions un revenu de plus de 25 p. 0|0 sans aucune chance de perte.

C'est ici le cas de dire que, lorsqu'on fait une bonne action, on fait souvent une bonne affaire.

# CHAPITRE XXXIII.

## DES MANUTENTIONS ADMINISTRATIVES DES PRISONS, DES HOSPICES, DES COLONIES AGRICOLES, ETC.

Ce que nous avons dit au sujet des manutentions militaires de l'Etat peut s'appliquer avec raison aux manutentions des administrations civiles.

Ces établissements possèdent des moyens de contrôle et de surveillance qui rendent le travail des manutentions facile et économique ; dans quelques-unes de ces administrations, il existe des agglomérations de consommateurs dont la santé et le bien-être sont l'objet de la vive sollicitude des administrateurs.

MM. les membres des bureaux de bienfaisance trouveront dans l'application d'un système complet de panification les moyens de multiplier leur admirable dévouement.

Nous donnons ci-après le résultat d'une journée de travail par l'emploi d'un système de panification de la force de 3 chevaux.

Résultat d'une journée de travail de 24 heures, dans une boulangerie établie d'après le système de Waet, munie d'un four continu ayant une force de 3 chevaux.

*Dépenses.*

| | | |
|---|---|---|
| 9 quintaux métriques de blé à 40 fr. *le quintal* (rendus en usine) | 360 f. | » c. |
| 200 kilog. de houille à 30 fr. la tonne | 6 | » |
| 2 kilog. 40 de levure à 1 20 le kilog. | 2 | 88 |
| 2 kilog. 40 de sel à 25 cent. | » | 60 |
| 2 aides boulangers à 3 50 | 7 | » |
| 2 apprentis à 2 | 4 | » |
| 1 homme de peine à 2 50 | 2 | 50 |
| Intérêt de 25,000 à 5 0/0, prix de la boulangerie et du mécanisme | 3 | 42 |
| Frais divers, éclairage, patente, entretien, etc. | 18 | 30 |
| Bénéfice net : 1 cent. par kilog. (1) | 10 | 94 |
| Total des dépenses | 415 | 34 |

*Recettes.*

| | | |
|---|---|---|
| 1,094 kilog. de pain, produit de 793, 20 kilog. de farine blutée à 10 0/0 : à 37 cent. le kilog. | 404 | 78 |
| 88 kilog. de son, vendus à 12 fr. les 100 kilog. | 10 | 61 |
| Recettes égales aux dépenses | 415 | 34 |

# CHAPITRE XXXIV

## CONCLUSIONS.

En terminant ce travail, nous récapitulerons succinctement les différents procédés, les différentes améliorations dont nous proposons l'application pour arriver à produire, sur tous les points de l'Empire, le pain à bon marché ; si nous n'avons pas indiqué en tête de ce livre la différence réelle, qui pourrait être raisonnablement faite entre le prix actuel du pain, c'est que nous avons craint que la déclaration spontanée de cette vérité n'eût éloigné les personnes les mieux disposées à nous écouter et à nous seconder dans notre œuvre d'amélioration.

Cette position nous a obligé de poser, comme conséquences de notre travail, les conclusions suivantes :

1° Que l'emploi du système de panification que nous proposons amène, dans la fabrication du pain nécessaire seulement à l'alimentation de 5 à 6,000 bouches, une économie de plus de 20 p. 100 sur le prix du pain, qui est aujourd'hui, 15 septembre 1855, à Paris, de 1 fr. 20 c. les deux kil. ;

2° Que l'emploi du système perfectionné d'extraction de toutes les matières panaires contenues dans le son ou enveloppe du blé, permettrait d'obtenir un pain très blanc, très nutritif et très agréable au goût, en opérant le blutage des farines, de manière à n'en retirer que 12 p. 100 de son, au lieu du blutage de 25 p. 100, qui est rigoureusement nécessaire aujourd'hui : que ce travail peut être exécuté dans les manutentions dont nous proposons l'adoption, parce que tous les éléments s'y trouvent réunis, sans augmentation de frais ;

3° Que le remplacement de 25 kil. de farine de blé, qui coûtent aujourd'hui 15 à 16 fr., par 25 kil. de farine inaltérable de la parmentière qui ne reviendraient qu'à 4 fr., permettrait encore une réduction considérable ;

4° Que l'emploi des blés durs de l'Algérie, convenablement traités pour la panification, amènerait

(1) S'il n'y a pas lieu à prélever le centime, le prix du pain ne sera que de 36 cent. le kilog.

une réduction énorme sur le prix du pain en même temps qu'il laisserait ouverture à la baisse du prix des blés sur les marchés de la Métropole;

5° Que l'adoption de la mesure de la vente du pain au prix de revient, augmenté d'UN CENTIME NET pour tout bénéfice, permettra de réaliser, dans une manutention d'une certaine importance, des bonifications importantes; que cette mesure, appliquée partout, simplifierait le contrôle de l'Autorité et tarirait la source des nombreux abus en matière de taxation du prix du pain;

6° *Que tous ces moyens d'action, sagement combinés, permettraient de livrer à la consommation, aujourd'hui, à Paris, un pain blanc, sain et nutritif, à* 25 *p.* 100 *meilleur marché que celui qui se vend actuellement;*

7° Que la réalisation d'une bonification de 15 p. 100 seulement, venant en réduction sur le prix du pain, présenterait annuellement, sur l'alimentation de la France en céréales, au taux moyen de 16 fr. l'hectolitre, une économie annuelle de plus de 152 millions de francs sur la fortune publique;

8° Que l'emploi des matières panaires perdues et sans emploi direct aujourd'hui, ainsi que l'utilisation des farines de parmentière dans de certaines limites, apporteraient, chaque année, une augmentation de plus de 20 p. 100 en céréales : il n'y aurait plus de disettes possibles en France, attendu que chaque année, il y aurait une réserve supérieure au déficit des années calamiteuses; réserve qui serait de plus de 21,000,000 d'hectolitres par année; la solution du problème de la conservation indéfinie des céréales permettra d'emmagasiner pour faire face aux besoins éventuels et urgents.

Le lecteur qui aura examiné avec attention toutes les différentes parties du travail que nous venons d'exposer, aura la conviction, nous n'en doutons pas, qu'il y a réellement possibilité de produire le pain, cet aliment par excellence, dans des conditions d'hygiène, de saveur, de propreté et d'économie surtout, qui ont été malheureusement trop négligées jusqu'ici. Que l'on se représente une manutention modèle complète, réunissant tous les perfectionnements que nous avons sommairement indiqués dans le cadre restreint de cet ouvrage, que l'on y joigne les procédés de panification *légalement* praticables, que l'on réunisse tous les avantages que ce nouvel état de choses doit produire dans la base de l'existence, dans l'alimentation des masses, et, la main sur la conscience, ne faudra-t-il pas s'écrier : « Oui, il y a réellement quelque chose à faire! »

Quant à nous, qui nous sommes dévoué à cette œuvre régénératrice, nous savons d'avance toutes les peines, toutes les déceptions et toutes les souffrances que nous aurons encore à subir avant de voir le triomphe de notre initiative, nous mesurons l'avenir sur le passé : dix années de travaux et de sacrifices n'ont fait qu'augmenter notre foi et la confiance dans notre apostolat; nous avons le ferme espoir que la bonne cause triomphera un jour; les crises de 1846-1847 et celle que nous subissons en ce moment, sont un rigoureux enseignement pour tous. Espérons que ces épreuves porteront leur fruit, que l'avenir ne verra plus des disettes cruelles démoraliser les populations, et, germes de mortalité, venir paralyser les semences des dispositions au bien répandues dans les classes nécessiteuses, neutraliser les vues bienfaisantes du Pouvoir, des communes, des personnes bienfaisantes qui s'épuisent à contribuer à améliorer le sort des classes ouvrières, pour lesquelles les disettes sont les plus cruelles sources de malheurs et de désolation.

Nous demandons au lecteur la permission de faire suivre cet exposé de quelques notes bienveillantes que la haute presse nous a accordées avec tant de bienveillance.

Nous saisissons cette occasion pour exprimer ici toute notre gratitude à MM. E. de Girardin, Louis Jourdan, etc., qui nous ont si grandement secondé dans notre apostolat.

---

Extrait du *Siècle*, le 13 décembre 1853 :

LE PAIN A BON MARCHÉ.

« L'article que nous avons publié sous ce titre, dans notre numéro du 5 courant, a éveillé l'attention de personnes compétentes que cette grande question de l'alimentation publique préoccupe à si juste titre. L'administration, de son côté, étudie avec soin, dit-on, les diverses solutions qui lui sont proposées ; la boulangerie elle-même s'émeut et fait quelques efforts pour sortir de l'ornière où le monopole l'a engagée. Le monopole est, pareil à la protection douanière, trop absolu : c'est un oreiller où l'on s'endort facilement et où l'on fait des rêves d'or. Il est bon de réveiller ces dormeurs comme on les a réveillés dernièrement, soit par les décrets qui ont suspendu les effets de la loi qui régit l'introduction des céréales, soit en modifiant la législation douanière en ce qui touche les fontes, les fers et les houilles.

» Tout ce que nous avons dit sur la possibilité de réduire, dans des proportions notables, le prix du pain par la suppression des intermédiaires et par l'application des procédés scientifiques modernes les plus perfectionnés à la fabrication du pain, est confirmé par des exemples saisissants.

» Ainsi, un honorable négociant de la ville de Nîmes, malgré les entraves de la réglementation actuelle, a pu, par ses seuls efforts, doter cette cité d'un établissement où le pain est livré à 12 0[0 au-dessous des cours réglementaires, et il a suffi de cette concurrence pour arrêter l'élévation anormale des prix pendant la crise que nous traversons. L'auteur de cette innovation, M. Troupel, avait eu occasion de s'occuper, dans le cours de sa carrière commerciale, des divers procédés de panification. Il avait compris que la principale difficulté consistait dans la substitution d'un pétrin mécanique au pétrissage à la main. Il a fait de nombreux essais, il a lutté énergiquement, et pendant quinze ans, contre le mauvais vouloir et les préjugés aveugles ; puis il a triomphé en utilisant les pétrins mécaniques exposés par M. Bolland à l'Exposition universelle de Londres, les fours au charbon, à chaleur continue, de M. Carville d'Alais ; les épurateurs pour le blé de MM. Jérôme frères, d'Amiens. En un mot, il a fait ce que la boulangerie aurait dû faire depuis longtemps : il a demandé le concours de la science ; la science ne lui a pas fait défaut. Les appareils employés par M. Troupel, dans sa boulangerie économique, sont mus par la vapeur ; il produit 8,000 kilogrammes de pain par jour, et ce pain, qui contient toutes les parties nutritives du blé, il s'est engagé formellement à le livrer constamment au minimum de 2 c. 1[2 par kilogramme au-dessous de la taxe fixée par la ville, quelle qu'elle soit. On peut porter hardiment à 5 c. par kilogramme la diminution dont jouit la population nîmoise, par la raison que la taxe a toujours été de 2 c. 1[2 inférieure à ce qu'elle eût été sans la création de M. Troupel. Que serait-ce donc avec un régime de liberté !

» Mais ce n'est rien encore que cette économie. Si le pain est bien fabriqué, si le pur froment entre seul dans sa composition, si toutes les parties nutritives sont utilisées, il faut une moins grande quantité de pain pour suffire à l'alimentation. Des expériences loyalement faites, et dont les résultats ont été proclamés par les ouvriers eux-mêmes, constatent que l'économie est ici de 10 à 12 0[0. Le système employé par M. Troupel, et, à plus forte raison, celui de M. de Waet, qui est beaucoup plus complet, peuvent donc donner, indépendamment des réductions de prix si désirables, une économie considérable dans la consommation du pain. En n'évaluant cette économie qu'à un sixième, la France pourrait donc trouver dans l'application des procédés scientifiques dont nous venons de parler, le pain gratuit pour près de quatre millions de ses habitants et en qualité supérieure aux qualités actuelles.

» Pour faire comprendre l'immensité de la question dont nous nous occupons, il suffit de dire que, grâce à l'établissement de M. Troupel, la ville de Nîmes n'a eu à s'imposer aucun sacrifice pour maintenir la taxe du pain à un prix raisonnable, malgré l'excessive cherté des grains. Paris, la capitale du monde, le foyer de toutes les lumières, est sous ce rapport dans un déplorable état d'infériorité, et le budget de la ville paye aujourd'hui d'un sacrifice considérable l'éloignement systématique de tout progrès et de toute innovation dans la voie industrielle où l'innovation et le progrès devraient au contraire être provoqués sans cesse.

» Le moment d'ailleurs nous semble venu où l'ancien état de choses doit disparaître pour faire place à ce que nous appellerons l'ère nouvelle de la boulangerie, où la science doit remplacer la routine, où l'association doit succéder à l'isolement, la liberté au privilége. De toutes parts des faits surgissent qui doivent éclairer l'administration et hâter ses résolutions. Nous avons dit les efforts tentés par M. Gosset, un des hommes qui se sont le plus occupés de la question du pain à bon marché ; par M. l'ingénieur de Waet, qui affirme pouvoir livrer au consommateur le pain de première qualité à 25 centimes quand le blé vaut 40 fr. l'hectolitre, et à 15 centimes quand il vaudra 17 fr. 50. Nous venons de dire les résultats obtenus à Nîmes par M. Troupel, résultats dus à sa seule initiative et à l'emploi de divers moyens mécaniques.

» Voici qu'aujourd'hui l'Algérie, qui commence à être déjà et qui devient de plus en plus le grenier de la France, l'Algérie vient de faire une révolution industrielle en démontrant que le blé dur peut, aussi bien que le blé tendre, et à des conditions meilleures, servir à la fabrication du pain, au lieu de servir presque exclusivement à la fabrication des gruaux, des semoules et des pâtes. On fabrique aussi du pain avec du blé dur, notamment à Alger, mais on n'était parvenu jusqu'ici à retirer de ce grain qu'une assez faible proportion de farine supérieure. Des procédés, que nous n'avons pas à décrire ici, ont été mis en usage dans une usine algérienne, et il en résulte la preuve incontestable, incontestée, que le blé dur donne à la mouture, soit en quantité, soit en qualité, un produit au moins égal à celui du blé tendre, seul employé jusqu'ici dans la fabrication du pain. Si l'on songe que les côtes septentrionales de l'Afrique produisent en très-grande abondance du blé dur, on verra que la question des céréales entre dès ce jour dans une phase nouvelle.

» Nous recevons d'Alger à cet égard des renseignements précieux ; mais comme ils sont confirmés par un journal de la localité, l'*Akhbâr*, organe semi-officiel du Gouvernement, nous préférons le citer textuellement :

» Examinons les conséquences, dit l'*Akhbâr*. Les blés durs, travaillés partout avec la plus grande » facilité, sont désormais assurés d'un placement avantageux sur tous les marchés d'Europe ; ils y » seront classés avec leur valeur normale, qui est très-grande, et le bienfait sera double. Il y aura » profit, d'une part, pour les producteurs indigènes, les colons et leurs intermédiaires, assurés d'opéra- » tions plus vastes et plus solides ; d'autre part, pour les consommateurs du Nord. Ceux-ci n'y trouve- » ront pas seulement une ressource contre les mauvaises années, mais en tout temps ils voudront cor- » riger par une addition de blé dur les blés de leur récolte, qui sont farineux, lents au travail de la » panification et quelquefois inertes. Les blés durs y introduiront leur gluten énergique et leur fermen- » tation vive. Le mélange, comme celui des races, relèvera le type inférieur. Ces nouveaux marchés » ouverts au blé dur en exciteront la production et en étendront le commerce sur une échelle incal- » culable. »

» Mais à Alger, comme à Nîmes, on ne s'est pas borné à faire de la théorie, on a immédiatement fabriqué du pain avec les nouvelles farines, et la première conséquence a été une réduction de 12 0/0 sur les cours. Que sera-ce lorsque, à Alger, on appliquera à la fabrication les procédés mécaniques, et lorsqu'à Nîmes on utilisera la découverte d'Alger, découverte qui accroît d'un dixième la valeur alimentaire contenue dans le blé, ce qui équivaut, pour la consommation annuelle de la France seulement, à une création de douze millions d'hectolitres, représentant, au cours actuel des céréales, une somme de près d'un milliard de francs?

» Et vous ne voudriez pas que nous fussions infatigables sur ce terrain, que ce ne fût pas là notre *delenda Carthago*? Alger et Nîmes faisant honte à Paris ! Ah ! que nos hommes d'État, nos administrateurs, nos édiles, maintenant que la conférence de Vienne s'est chargée du fardeau de la question d'Orient, se mettent tout entiers à cette œuvre immense, à ce problème résolu du pain à bon marché. Qu'ils suppriment les entraves, les vieilles réglementations, qu'ils laissent faire la liberté, et la liberté fera des prodiges. Le pain à bon marché ! voilà la grande, la vraie, la bonne politique ! Nous ne nous lasserons pas de la préconiser, car il y a là une question de bien-être populaire, d'ordre, de sécurité, de moralité, qui domine de bien haut toutes les questions.

« Louis Jourdan. »

---

Extrait du *Siècle* du 21 juin 1855 :

### LA PANIFICATION À BON MARCHÉ.

« La cherté actuelle des subsistances est un fait considérable dont la gravité préoccupe à bon droit tous les esprits sérieux. Il y a là un danger qu'il faut absolument conjurer, non par des mesures transitoires ou des expédients empiriques, mais par tous les moyens dont la science, l'industrie et le crédit disposent. Parmi ces moyens, il en est un d'une haute importance, c'est celui qui consiste dans le perfectionnement des procédés industriels qui ont pour objet les transformations des grains en aliments préparés pour la consommation. Ce moyen n'est pas une panacée, à coup sûr, mais il est bien certainement un des grands côtés de la question.

» Sous l'influence des découvertes modernes, toutes les industries se sont perfectionnées, ont amélioré et multiplié leurs produits. Les industries mères, celles qui produisent le grain nourricier et le transforment en aliment, sont seules restées stationnaires. Nous fabriquons le pain par des moyens encore barbares ; la sueur du *geindre* se mêle au premier et au plus indispensable élément de notre nourriture. Au prix actuel du blé, nous pourrions cependant manger le pain à meilleur marché, si les procédés scientifiques les plus simples, les plus éprouvés, étaient appliqués soit à la transformation du grain en farine, soit à la transformation de la farine en pain.

» Dieu nous garde de faire ici de la théorie ! Nous nous tairions en une aussi grave matière si nous n'avions à énoncer que d'honnêtes aspirations. Lorsqu'il s'agit d'une question si complexe et si délicate que celle de l'alimentation publique, il faut aborder le domaine des faits pratiques, dire ce qui est possible, et rien au delà. Or, n'avons-nous pas vu tout récemment un boulanger de Paris, autorisé par l'administration, à vendre le pain qu'il fabrique 0,05 centimes au-dessous de la taxe? Ce boulanger cependant n'achète pas le blé dans des conditions exceptionnelles, il le paye ce que le payent ses collègues; mais il a un procédé de fabrication plus économique, plus intelligent. Voilà un fait particulier que l'on doit tendre à généraliser

» On peut espérer de meilleurs résultats encore. Un ancien syndic de la boulangerie d'Alger, M. Ollivier, a démontré, par une expérience couronnée des plus heureux résultats, que les blés durs, jusqu'ici exclus de la fabrication du pain, et pour cela seul vendus à des prix inférieurs, pouvaient entrer dans cette fabrication en l'améliorant.

» Un ingénieur distingué, qui, depuis dix ans, s'occupe sans relâche aussi de la solution du problème : le pain à bon marché, M. de Waet, est allé plus loin encore, et les résultats auxquels il est parvenu nous semblent décisifs.

» Nous ne savons rien de plus touchant que les longues luttes et les courageux efforts de ces sublimes maniaques qui se prennent corps à corps avec un préjugé, avec un abus, avec une iniquité quelconque, et dépensent leur vie, leur fortune, leur repos dans ce combat singulier que les applaudissements de la foule n'encouragent pas, tant sans faut! Quand Wilberforce renouvelait chaque année à la tribune du parlement anglais, avec une foi profonde et une admirable constance, sa motion contre l'esclavage, ses collègues souriaient. « C'est un maniaque, » disaient-ils. Le maniaque a vaincu l'esclavage. Quand Cobden commença sa campagne du *free trade*, on disait : « C'est un fou! » Le fou a révolutionné toute la législation commerciale de son pays.

» Nous nous sommes souvent rappelé Wilberforce et Cobden, en suivant de toutes nos sympathies les travaux de M. l'ingénieur de Waet pour le perfectionnement de la fabrication du pain. Cet ingénieur a imaginé tout un système de manutention de grains, de mouture, de blutage, de cuisson, par un procédé mécanique à la vapeur, dont tout le secret consiste à produire la force motrice en même temps que la chaleur nécessaire à la cuisson du pain.

» Nous avions vu sur le papier les plans et les savantes démonstrations de M. de Waet, et nous hésitions à croire. Un jour, le vaillant et laborieux lutteur nous appelle. Son idée n'était plus sur le papier; elle était pratiquement réalisée. Il avait établi (rue de la Tour-d'Auvergne) une véritable usine que nous avons vue fonctionner, et qui produisait bien réellement une force motrice en même temps que la chaleur nécessaire à la cuisson. Dans un espace de moins de quatre mètres carrés, nous avons vu, de nos yeux vu, le plus rationnel et le plus économique des systèmes : une machine motrice à vapeur, de la force de trois chevaux, chauffant le four, mettant en mouvement le ventilateur des grains, le moulin et la bluterie, le filtre, le fermentateur, le pétrisseur, l'organisation complète, en un mot, d'une manutention pouvant produire, même dans cet étroit espace, 1,000 kilogrammes de pain par vingt-quatre heures, à un prix de revient excessivement réduit et dont nous allons parler.

» Le soir même du jour où nous avions visité cette usine d'essai, cette première application pratique de son idée, un incendie dévorait en quelques heures le fruit des travaux de M. de Waet. Vous croyez qu'il se découragea, qu'il se lamenta. Erreur! Le lendemain il se remit à l'œuvre, et nous le retrouvons aujourd'hui sur la brèche.

» Ainsi que nous l'avons fait remarquer tout à l'heure, l'état de notre meunerie exerce sur les cours une pression désastreuse; c'est la meunerie qui, involontairement peut-être, alimente l'effrayant agiotage qui s'opère sur les farines. La centralisation des appareils de conservation de grains, de leur transformation en farine et en pain, est donc la première condition du progrès qu'il est urgent d'accomplir. C'est ce que veut M. de Waet.

» Selon cet ingénieur, le pain doit être vendu au consommateur à un centime de bénéfice par kilogramme. Une usine qui serait organisée pour produire 4,000 kilogrammes de pain de première qualité par vingt-quatre heures de travail suivi, aurait deux catégories de dépenses : l'une, variable, c'est l'achat du blé; l'autre, comprenant les dépenses invariables, telles que matières premières (houille, levure, sel), main d'œuvre, intérêt du capital, frais d'administration, part de l'imprévu, bénéfice d'un centime par kilogramme. Cette seconde catégorie de dépenses invariables s'élèverait, d'après les calculs les plus exacts et d'après les données de l'expérience, à 160 fr. par jour pour 4,000 kilogrammes de pain de première qualité.

» Partant de cette base, voici les résultats auxquels on arrive : lorsque le quintal de farine est au cours moyen de 24 fr. 44 c., la ville de Paris, admettant alors que le prix du quintal de blé est en moyenne de 16 fr. 28 c., fixe le prix du pain de première qualité à 26 c. le kilogramme. Le procédé de M. de Waet, en tenant compte de tous les frais que nous avons mentionnés et du centime de bénéfice par kilogramme, offrirait au consommateur un bénéfice de 13 1/4 p. 100, c'est-à-dire que le pain, au lieu de coûter 26 c. le kilogramme, ne coûterait que 22 c. 56.

» Plus le blé est cher, plus la préfecture élève le prix du pain, et plus cette différence au profit du consommateur s'élève; elle peut atteindre jusqu'à 27 p. 100. Lorsque le pain, dans les combinaisons actuelles adoptées par la ville, serait à 50 c. le kilogramme, il ne vaudrait, dans le système de M. de Waet, que 38 c. 25, soit une différence de plus de 23 p. 100 au profit du consommateur.

» La chose en vaut la peine, comme on peut en juger, et lorsqu'une idée, un système se présentent avec la perspective de tels résultats, avec la double sanction de la science et de la pratique, ils méritent d'être signalés à l'attention publique. Il ne dépend pas de nous de régulariser les conditions atmosphériques, de distribuer en temps utile à nos campagnes les rayons du soleil ou les eaux du ciel; à de mauvaises récoltes peuvent succéder de mauvaises récoltes, et nos désolations, nos malédictions n'y feront rien; Dieu est le maître! Mais qui sait si Dieu ne nous afflige pas ainsi pour nous obliger à réaliser des améliorations qui doivent exercer sur la vie humaine une si profonde et si salutaire influence? Nous pouvons trouver dans le perfectionnement de nos procédés industriels appliqués à la fabrication du pain une compensation à l'insuffisance des récoltes. Il faut donc entrer résolument dans cette voie.

» Nous savons que l'administration publique s'occupe activement de l'étude de divers projets qui lui sont soumis, et notamment de l'introduction des blés durs présentée par M. Ollivier, et des manutentions de M. de Waet. Nous faisons des vœux ardents pour que l'on ne recule pas plus longtemps devant des améliorations qui deviennent de jour en jour plus urgentes.

» Nous n'avons jusqu'ici parlé que du pain de première qualité consommé par les classes aisées; nous arriverons à des conclusions plus pressantes encore, lorsque nous entrerons dans quelques détails relatifs à la fabrication du pain de deuxième qualité à l'usage des classes pauvres, sur les mélanges possibles, sur ses conditions hygiéniques.

» Louis Jourdan. »

# NOTES DIVERSES.

Les circonstances dans lesquelles nous nous trouvons nous ont déterminé à répandre et à propager les idées bonnes et utiles ; c'est dans ce but que nous publions un extrait du mémoire de M. Chevallier fils, chimiste, qui a recherché avec soin et qui a publié la note des diverses substances que l'on a fait entrer dans la panification.

Parmi les faits qui nous ont frappé, il en est un surtout qui a fixé notre attention, c'est la tendance qu'on a d'attendre les disettes pour indiquer les procédés utiles et économiques à mettre en pratique pour y remédier. Ces procédés, connus de quelques-uns, ont été laissés dans l'oubli comme la plupart des inventions, ou bien subissant l'influence de l'envie, ils n'ont pu la surmonter. Ces inventions ou ces procédés nous reviennent parfois décorés de noms étrangers, et alors ils sont mieux accueillis, et puis améliorés par nous autres inventeurs primitifs.

La panification, en France, n'admet pas des innovations utiles, on ne les admet que par contrainte. Nous allons essayer de donner le plus brièvement possible une idée de toutes les substances qu'on a panifiées, et dont les essais, en cas de disette, pourraient être mis avantageusement en pratique.

### *De l'introduction de la pomme de terre dans la panification.*

La pomme de terre, qui fut importée en France presque de force, par Parmentier, offrit à Faignet, en 1761, l'occasion de l'utiliser dans la panification. Il présenta, en effet, à l'Académie des sciences des pains faits avec 1/3 froment, 1/3 seigle ou orge, et 1/3 de pomme de terre. Ces pains, au dire de cette savante compagnie, ne différaient des pains ordinaires que par leur couleur un peu jaunâtre.

Dans la Suisse et le Woglond, on employait aussi les pommes de terre en boulangerie. On les râpait, on les laissait macérer 24 heures dans de l'eau, qu'on renouvelait jusqu'à ce qu'elle ne se troublât plus. On laissait égoutter ensuite la matière féculente obtenue, et l'on mêlait cette espèce de farine avec moitié farine de blé ou 2/3 de seigle.

En 1761, le manque de récolte fut si grand, que l'on fut encore heureux de trouver la pomme de terre pour suppléer à la disette. — M. Reville, curé de Saint-Aubin-de-Sablon, conseilla, pour avoir un pain plus beau et plus nourrissant, de faire cuire les pommes de terre, de les écraser au rouleau, et de ne les mêler à d'autres farines qu'après avoir fait une pâte avec celles-ci et le levain. L'évêque de Grenoble en ordonna l'emploi dans un de ses mandements.

A la même époque, le frère Côme écrivit qu'avec 2/3 pulpes de pommes de terre, 1/3 de farine de froment, d'orge ou de seigle, il avait fait d'assez bon pain. Il en avait fait aussi avec de la pulpe seule et du levain. Il recommandait de ne point fermer le four pendant la cuisson, pour que la croûte de ce pain fût plus *dorée*.

Parmentier, l'importateur de la pomme de terre en France, préconisa souvent son emploi dans la panification (1), Voici, du reste, la méthode qu'il leur indiquait: écraser les pommes de terre, les manier pour leur donner plus de consistance; mettre la moitié de la masse avec le levain et le froment; le lendemain, chauffer l'autre moitié, la mêler à la pâte de la veille, pétrir et faire des pains que l'on cuit dans des fours moins chauds que d'ordinaire, mais dans lesquels on les laisse plus longtemps.

*Expérience.*

| | | |
|---|---|---|
| Pulpes de pommes de terre. | 1/8 | pain assez bon. |
| Farine de froment. | 7/8 | |
| Pomme de terre. | 1/4 | bis et délicat. |
| Farine de froment. | 3/4 | |
| Pommes de terre. | 1/3 | bon goût. |
| Farine de froment. | 2/3 | |
| Pommes de terre. | 1/2 | peu levé. |
| Farine de froment. | 1/2 | |
| Pommes de terre. | 2/3 | très bis, croûte brune, dure |
| Farine de froment. | 1/3 | |
| Farine de pommes de terre. Levain seulement. | | mangeable, mat et gris. |
| Farine de pommes de terre, décoction de son. | | croûte dorée, bon. |
| Farine de pommes de terre. Eau mucilagineuse avec miel. | | bon. |

Pommes de terre râpées avec leur eau : gris, mieux levé.

Pulpes de pommes de terre : plus levé, meilleur.

Pommes de terre privées de suc par la presse, séchées et moulues. — moins bis, mais fade.

Amidon de pommes de terre : blanc, assez bon.

| | | |
|---|---|---|
| Pulpes de pommes de terre. | 125 | blanc, levé agréable. |
| Amidon. | 125 | |
| Levain de froment. | 125 | |

Il faut ajouter dans ces différentes recettes plus de sel que pour le pain ordinaire (2).

Parmentier fit aussi des biscuits de pommes de terre qui furent assez appréciés, avec 1/4 de pulpes et 3/4 froment.

En 1762, lors de la disette des céréales en Bretagne, Moreau Kerledu, à Lorient, fit entrer la pomme de terre dans le pain.

La même année, un fermier anglais annonça qu'il faisait des puddings et des pains d'après un procédé qu'il connaissait depuis 1756. C'était un mélange de pommes de terre et de gruau.

En 1770, M. Chapeau donna pour faire du pain les formules suivantes:

| | | |
|---|---|---|
| Farine de pommes de terre. | 1/2 | pain sain. |
| Farine de froment. | 1/2 | |
| Ou farine de pommes de terre. | 2/3 | bon pain. |
| Farine de froment. | 1/3 | |

En 1771, un mémoire présenté à la Société économique indiquait pour avoir un pain plus blanc, de laver à plusieurs eaux la pomme de terre.

En 1774, à Leipsick, on conseilla de couper les pommes de terre par tranches, de les faire sécher pour les moudre au moment du besoin. On prenait alors:

1/3 de cette farine,
1/3 de farine de seigle.
1/3 de farine de froment,

et l'on obtenait un pain léger et savoureux.

(1) En 1762-82-95. 1812.

(2) *Examen chimique de la pomme de terre*, 1761; *Tableau du Bulletin de la Société d'encouragement* 1812.

En 1778, on fit, dit le *Journal de Paris* (21 décembre), du pain avec

Pommes de terre. . 1/2
Orge. . . . . . 1/2

et

Pommes de terre. . 1/3
Panais. . . . . . 1/3
Froment ou seigle. 1/3

En 1789, un fermier français fit un pain avec:

Pommes de terre 1/3
Farine de méteil 2/3

Le méteil était un mélange assez économique, fait dans la proportion de:

Froment 16 k. 1/2.
Seigle 13 k. 1/2.

En 1791, une dame proposa de faire du pain avec:

Maïs 2/5.
Pommes de terre 3/5.

On n'ajoutait pas d'eau, la pomme de terre cuite et écrasée en contenant assez par elle-même.

En 1797, lors de la cherté des grains, un fermier anglais fit des puddings avec des pommes de terre et du lait.

Cadet de Vaux, chimiste distingué de cette époque, en répétant les expériences de Parmentier, obtint un pain excellent, blanc et nourrissant. Il employait 1/3 farine de maïs belle pour 2/3 de pommes de terre.

En 1794, *le Nécessaire*, de Dijon, indiqua de faire cuire les pommes de terre à la vapeur, de les couper en rondelles, de les faire sécher dans un four peu chaud, de les réduire ensuite en farine pour les mélanger à 2/3 froment ou 1/3 froment et 1/3 seigle.

A la même époque, M. Aviat fit un pain dit *à la Jean-Guillaume*, avec 1/2 froment et 1/2 pommes de terre : il laissait lever fortement la pâte, et remettait deux fois au four.

Cette année-là même, les grains étant très chers, le Comité de salubrité publique (1) recommanda l'emploi de la pomme de terre dans la panification, en la mélangeant avec 1/3 de froment et 1/3 de seigle.

En 1795, Costel fit du pain avec 7 parties de farine pour 10 de pommes de terre. Il mêlait le levain le soir à la moitié de son mélange, il ajoutait l'autre moitié le lendemain en pétrissant sans eau.

Alexis Cadet de Vaux, qui recommandait aussi la pomme de terre dans la panification, pensait qu'elle améliorait les pains dans lesquels on faisait entrer l'orge, le seigle, l'avoine, les pois, en un mot, toute farine alimentaire autre que le blé, dont le prix alors était si élevé.

Dans quelques communes de France, on suivait le procédé indiqué par Parmentier, et qui consistait à prendre 1/3 de froment, 1/3 seigle et 1/3 de pommes de terre. Coste mélangeait la pomme de terre à parties égales de seigle, d'orge et de blé de Turquie.

En 1800, le Suédois Kligogg, le paysan philosophe ou le Socrate rustique, fit préparer un pain de froment dans lequel il faisait entrer 1/3 de pommes de terre cuites et écrasées.

En 1801, Berthoud utilisa les pommes de terre pour en extraire la fécule, qu'il faisait entrer pour 1/3 dans la farine de froment.

En 1804, Pew, cultivateur anglais, écrivit que l'on pouvait avoir un assez bon pain en froment:

(1) Composé de : Cambacérès, Carnot, Boissy, Chazal, Pelot, maréchal Dubois-Crancé.

Froment, 10 p.
Riz, 1 p.
Pommes de terre, 6 p.

L'économie était pour lui de plus de 3/7 de froment.

En 1812, M. de Faremont, de Château-La-Vallière; MM. de la Roche-Noire, de Marsilli et Baudin, employèrent en grand la pomme de terre dans la panification.

A la même époque, M. de Loys conseilla de râper la pomme de terre sèche pour avoir plus de rendement dans le pain.

M. de Lasteyrie lavait la fécule obtenue pour obtenir un pain savoureux.

En Suisse, enfin, on utilisa la pomme de terre en employant les procédés déjà connus.

En 1816, Thierry conseilla le procédé suivant : 2/5 de pommes de terre pour 3/5 de farine de froment. Ce pain était blanc et savoureux.

En 1817, l'*Economie domestique et rurale* recommanda l'emploi de la pomme de terre mélangée à l'orge et au froment.

La même année, Cadet de Vaux employa le parenchyme de la pomme de terre, mélangée avec 1/3 d'orge et 1/3 de froment.

En 1817 aussi, Dugère de Mondemont employait les pommes de terre cuites à la vapeur, les écrasait au rouleau. Il y ajoutait le levain, et, après 10 heures de fermentation, il pétrissait cette espèce de pâte avec de la farine de froment.

Juge, de Saint-Martin, pendant cette mauvaise année, employait la recette suivante:

| | |
|---|---|
| Pommes de terre râpées, | 1,500 |
| Blé noir de Tartarie, | 875 |
| Ou pommes de terre cuites, | 1,125 |
| Farine bise, | 875 |

En 1818, M. Pomiés, de Saint-Antonin (Tarn-et-Garonne), fonda une fabrique de farine de pommes de terre. Les pommes de terre étaient lavées, puis broyées par des pilons mus par l'eau. La pâte égouttée, séchée à l'étuve et broyée de nouveau. La farine ainsi obtenue était mélangée à des farines autres que le froment dans le but de les améliorer.

La même année, Grouville faisait un assez bon pain avec:

| | |
|---|---|
| Farine de pommes de terre. | 2kil.500 |
| — de seigle. . . . . | 12 500 |

Depuis cette époque jusqu'en 1830, on n'entendit plus parler du pain de pomme de terre. Versepuy indiqua alors de nouveau son emploi dans la proportion de 1/4 à 1/5. M. Daniel ajoutait un peu de gélatine animale dans le but d'activer la fermentation.

Cette même année, le *Journal des Connaissances usuelles* recommandait, pour avoir une farine de pommes de terre plus belle, de laisser macérer la pomme de terre dans l'eau, en ayant soin de la renouveler souvent.

En 1831 et 1832, Mollerat, de Dijon, et Lefèvre, de Strasbourg, firent du pain de pommes de terre.

Quest, cultivateur à Arpagon, présenta à la Société d'encouragement un pain fait avec de la farine de pommes de terre et du levain.

En 1833, M. Chevallier père constata la présence de la fécule de pomme de terre dans les pains dits de luxe.

En 1839, on publia les recettes suivantes:

| | |
|---|---|
| Pomme de terre, | 1/3 |
| Avoine, | 1/3 |
| Maïs, | 1/3 |

Ou bien l'on remplaçait l'avoine et le maïs par les mêmes proportions d'orge et de froment.

On recommandait de faire une pâte ferme et de chauffer moins le four.

En 1839, MM. Chevallier père et Robine, boulangers, firent de nombreuses expériences sur le pain de pommes de terre, et firent entrer jusqu'à 60 et 80 0/0 de fécule. Ils employèrent différentes sortes de fécule, celle obtenue en coupant les pommes de terre en rouelles, les faisant macérer plusieurs jours dans l'eau, puis les faisant sécher pour les réduire en farine. L'autre farine sur laquelle ils firent des essais provenant de pommes de terre cuites à la vapeur et écrasées, enfin la troisième fécule provenait de pommes de terre gelées.

L'économie est assez grande, puisque le prix de la farine de froment a souvent été double et même triple de celui de la fécule.

En 1839, le *Journal des Connaissances usuelles* publia le procédé suivant:

Prendre la fécule obtenue du râpage de 50 kilos de pommes de terre.

D'autre part, faire bouillir 2 litres d'orge germée dans 3 litres d'eau.

On prend les deux tiers de cette décoction, on pétrit avec la fécule plus fortement que d'habitude.

On délaye le levain dans l'autre tiers d'eau d'orge. On ajoute 1/4 de 25 k. de farine de froment, on bat la pâte et quand elle commence à fermenter, on ajoute le restant des 25 k. de farine avec 320 gr. de sel et un peu de bicarbonate de soude. On bat de nouveau la pâte, on laisse fermenter quatre heures, on laisse au four trois heures et l'on obtient 70 kil. de pain.

En 1840, Bourdon d'Aiguisy dit qu'il introduisait dans le pain jusqu'aux 3/4 de son poids de pommes de terre cuites ou crues.

En 1844, Porcheron et Vánicher reçurent une médaille de la Société d'encouragement, pour leurs expériences sur la panification de la pomme de terre.

En 1848, Magouty, de Bordeaux, obtint d'assez bons résultats en employant le mélange suivant:

| | |
|---|---|
| Farine froment, | 100 grammes. |
| Levain bonne qualité, | 60 — |
| Maïs, | 40 — |
| Pommes de terre cuites à la vapeur et écrasées, | 20 — |

En 1848 aussi, M. Emile Martin présenta à la Société d'encouragement d'assez bon pain obtenu avec la fécule de pommes de terre et de la farine de blé.

En résumé, on voit qu'en travaillant convenablement la pomme de terre, on peut la faire entrer dans la panification. La fécule étant bien moins chère que le blé, on conçoit qu'en temps de disette elle offrira une grande ressource.

### 2° DIVERSES ESPÈCES DE PAIN DE GLANDS.

L'emploi du gland dans la panification remonte à des temps très anciens.

Pline dit qu'on fit à Rome, pendant une disette, du pain avec des glands du chêne ballota réduits en farine.

D'après Murray, on fit en Angleterre du pain avec 1/3 de farine de glands pour 2/3 de farine de blé.

En Amérique, d'après Niobet, les premières substances qu'on employa pour faire du pain furent les glands et les châtaignes.

En 1628, Buchat, dans son histoire ecclésiastique de la Suisse, dit que, pendant une famine, on fit rôtir les glands pour les réduire en farine et en faire du pain.

On en fit aussi en France en 1709.

En 1800, pendant les guerres de Westphalie, on fit une espèce de bouillie avec de la farine de glands et du lait:

A la même époque, un bourgeois de Vienne en préparait avec

| | |
|---|---|
| Farine de froment ou de seigle, | 3/4 |
| Farine de glands; | 1/4 |

En 1839, Couverchel écrivit qu'avec la farine des glands du ballota d'Espagne ou de lescatás de Grèce, on obtenait un pain ayant un goût de noisette.

En 1841, M. Dupuy proposa, pour obtenir une belle farine des glands, de les sécher au four, d'enlever les téguments et de les moudre, de laver la farine à plusieurs eaux et d'en faire ensuite un pain avec un peu plus de sel que d'ordinaire.

### 3° DE L'EMPLOI DE DIVERSES FÉCULES DANS LA PANIFICATION.

*Patates.*

En 1782, Parmentier fit avec des patates des biscuits pour les voyages de long cours.

En 1795, Ellis, auteur anglais, publia qu'en faisant bouillir les patates, les écrasant et les faisant sécher avant de les réduire en farine, on pouvait les mélanger avec demi-partie de farine de blé et obtenir un assez bon pain.

*Maïs.*

On chercha, à diverses époques, à utiliser le maïs dans la panification.

En 1805, un Piémontais utilisa le maïs, qui était une production de nulle valeur jusqu'alors en Italie, et en fit du pain en mélangeant sa farine à deux tiers de farine de blé.

En 1813, en Amérique, on préparait des pains de la manière suivante: on faisait une bouillie épaisse de maïs que l'on pétrissait avec du levain, du beurre et de la farine.

En 1815, en Bretagne, la disette fut si grande que les habitants utilisèrent le maïs à faire du pain; à la même époque, on employait aussi, en Moldavie, le maïs dans la panification.

En 1816, on fit du pain avec maïs 1/2 et froment 1/2; ou bien avec maïs 1/3, froment 1/3, orge 1/3.

En 1848, enfin, M. Girardin (de Rouen) fit de nombreux essais pour savoir si l'on pouvait avantageusement l'introduire dans la panification, et il arriva, avec les proportions suivantes, à obtenir un pain bon et nourrissant:

| | |
|---|---|
| Froment, | 60 kil. |
| Maïs, | 60 kil. |
| Levain, | 5 kil. |

On laissait au four plus longtemps et l'on retirait, en poids, 172 kil. de pain.

*Chiendent.*

En 1811, Leroy et Valette firent, avec la farine de chiendent seule, un pain qui était lourd.

On l'obtint meilleur en y ajoutant la moitié ou un tiers de farine de blé, et plus léger en y ajoutant du levain, du sel et quelques gouttes d'eau-de-vie.

En 1814, Leroy répéta ses expériences sur le chiendent, et obtint d'assez bon pain avec les proportions suivantes:

| | |
|---|---|
| Chiendent, | 2/5 |
| Froment, | 3/5 |

En 1847, un charpentier d'Akerkingen (Wurtemberg) annonça qu'il faisait du pain de chiendent; mais comme son procédé est le même que celui proposé en 1814 par Leroy et Valette, nous ferons une réclamation en faveur de ces derniers.

*Châtaignes.*

En 1811, à Florence, Guenmazi, après avoir extrait du sucre des châtaignes, fit, avec la fécule qu'il obtenait et 2/3 froment, un pain meilleur que le pain bis.

En 1814, en Suède, on fit aussi du pain avec la farine de châtaignes d'eau.

*Marrons d'Inde.*

En 1764, pendant la disette des grains, Parmentier fit faire, avec des marrons d'Inde réduits en poudre et de la farine de blé, une espèce de pain qui était assez blanc et avait un assez bon goût.

Ferdinand de Prusse en fit préparer aussi d'après les proportions de Parmentier: 1/3 marrons d'Inde et 2/3 froment.

En ajoutant un peu de levain, on avait un gâteau assez agréable.

*Orchis.*

En 1791 et 1847, on fit du pain avec de la fécule d'orchis et de la farine de blé.

*Substances mélangées.*

En 1800, le bailli de Wiednewed faisait réduire en farine de l'orge, de l'avoine, des vesces, des fèves et féverolles, et, ajoutant à ce mélange du levain et du sel, il obtenait un pain assez nourrissant.

La même année, on employa aussi la farine d'orge mélangée au blé.

A Besançon, on fit sécher les épinards, on les fit moudre, et on les mélangeait à de la farine de froment.

On utilisa aussi la pulpe de citrouille séchée et pulvérisée, et unie à la farine de froment dans la proportion de 1/3 pour 2/3.

En 1802, on employa, sur l'avis de Proust, les farines de blés germés en les mélangeant à des farines de blés de bonne nature. En 1815, on utilisa aussi à Londres les blés germés et l'on obtint de bons résultats.

En 1815, Bang, savant Danois, fit, à Copenhague, du pain avec 2/3 de farine de seigle et 1/3 de paille de seigle séchée et moulue.

La même année, un habitant d'Astrakan, sachant que les Ostragiens et les Kalmouks utilisaient le nénuphar et le lis blanc des champs, en a extrait la farine et en a fait du pain. L'empereur de Russie l'en récompensa vu la disette du temps. Le docteur Pheus fut aussi récompensé par Alexandre I^er^, parce qu'il était parvenu à panifier le lichen d'Islande.

En 1809, on fit du pain à Surinam avec de la moelle de sapin.

En 1813, on fit avec de l'avoine, des gruaux gris et 1/2 farine froment un pain mangeable. On employait aussi l'orge perlé. A une certaine époque de l'année on fait des pains de cette façon en Norwége, mais ils sont tellement durs que ce sont plutôt des biscuits.

En 1817, on introduisit dans le pain 1/10 de farine de pois.

La même année, un brasseur de Constance nommé Briken-Mayer, utilisa la drèche qu'il avait dans sa brasserie pour obtenir du pain. En prenant 75 kil. de drèche 30 à 37 kil. 500 de seigle, et 6 à 7 kil. 500 de levain, il fit 192 à 240 kil. d'un pain noir, il est vrai, mais nourrissant.

A Carlrushe, le grand-duc de Bade fit répéter par une commission l'emploi de la drèche. Le pain qu'on obtint était noir et lourd, mais savoureux. On en fit de préférable avec les proportions suivantes:

25 kil. » hect. drèche,
25 » seigle,
2 5 levain,
1 » sel.

En 1826, M. Lesson présenta à l'Académie des sciences un pain fait avec la racine de fougère, d'après le mode employé en Zélande, où l'on en fait usage en hiver.

En 1832, MM. Chevalier père et Bastien écrivaient qu'à l'exemple du Tyrol, de l'Assyrie et de la haute Autriche, on faisait à Vaucouleurs, dans la Meuse, des espèces de pain avec de la farine de semence de pavot et de la farine de froment. A Rome et à Gênes, selon Pline, on avait fait aussi des pains dans lesquels il entrait du miel, de la farine et des graines de pavot.

En 1833, MM. Payen et Persoz adressèrent à l'Académie des sciences des pains contenant 33/00 de dextrine, et qui étaient assez bons et assez beaux de pâte.

En 1847, Dieu et Langlois proposèrent de faire du pain avec de la betterave, en ajoutant un peu de vinaigre à la pâte.

En 1848, enfin, M. Polak indiqua les tourteaux de colza lavés à plusieurs eaux.

*Pain de riz.*

Dès 1795, le riz était employé dans la panification ; en Amérique, on le faisait bouillir, puis égoutter sur une table inclinée. On y incorporait ensuite le levain et du sel, et quand la pâte était refroidie et épaisse, on recouvrait le tout de linges chauds. On laissait lever, on mettait ensuite cette pâte dans des casseroles recouvertes d'une feuille de papier, et on les retournait au moment d'enfourner. Ce pain était assez bon, surtout quand il était rassis. Il était meilleur quand on y ajoutait 1/2 farine de froment.

En 1805, lord Alvouley prenait, pour faire du pain, 1 kil. 250 de riz, le faisait bouillir dans eau suffisante quantité. La pâte qu'il obtenait était abandonnée à elle-même jusqu'au lendemain. On y mélangeait alors 2 kil. de farine de froment et 30 gr. de sel, et 500 gr. de drèche douce, avec ou sans eau. On laissait lever une heure et demie, et l'on faisait cuire dans un four modérément chaud, pour obtenir 14 kil. de pain.

En 1816, on trouve dans Edelin plusieurs modes d'employer le riz dans la panification.

Ainsi avec :

Seigle 4/5
Riz 1/5
Levure et sel suffisante quantité.

on obtient 11 kil. de pain, c'est-à-dire 2 kil. de plus qu'en employant la farine de froment seule.

On peut avoir aussi un assez bon pain avec avoine 1/2, et riz 1/2, pétris avec du lait chaud, du levain et du sel.

*Du Gluten.*

En 1836, M. Bolond écrivait : « C'est au gluten, principal agent de la panification, qu'est dû le plus ou moins de bonté du pain. » Les défauts des pains faits avec le riz, la fécule, tiennent à ce manque de gluten. Si on en ajoutait, on aurait des pains assez bons.

En 1841, M. Lassaigne écrivait que le gluten additionné de gomme et d'un peu de sucre suffit pour donner à la pomme de terre une grande valeur dans la panification. Il fit du pain avec :

| | |
|---|---|
| Pomme de terre, | 75 |
| Gluten, | 17,50 |
| Amidon ou sucre, | 3,70 |
| Gomme ou dextrine, | 3,70 |

L'avoine bouillie et pressée donne une eau qui, employée dans le pétrissage, fournit plus de rendement.

En 1770, Faming de la Jutais essaya d'employer l'eau extraite du son mis en macération pour obtenir plus de rendement. Ce procédé donnait un 1/5 de plus de pain. — On obtint le même résultat d'après les expériences faites à Saint-Lazare et à Scipion, devant Mackarion, commissaire du roi et douze boulangers.

Christophe de Beaumont, archevêque de Paris, le cardinal de Rohan, furent de zélés admirateurs du procédé, mais la basse administration fit tant et tant, que l'on oublia bientôt l'inventeur, et que, malgré ses efforts, il perdit sa fortune et mourut malheureux.

Haggot de Durham, en 1803, indiqua ce procédé comme venant de lui, mais Marcotte réclama pour l'inventeur primitif.

Parmentier, Rozier et Lastérye, à la même époque, dirent que l'emploi de l'eau d'un son immergé dans l'eau froide, puis pressé dans une toile était un procédé très bon pour augmenter le pain.

En 1811, Edelin, dans son ***Traité de l'art de faire le pain***, décrit les avantages de ce mode de faire. En 1847, Rollet était du même avis.

Enfin, en 1853, Me Durut (brevet) parle des avantages que l'on pourrait retirer de l'emploi du son immergé dans l'eau bouillante et pressé deux fois ; elle fit du pain dont nous avons eu des échantillons. Il avait un rendement de 20 à 25 0/0 de plus que le pain fait avec de la farine seule.

M. Michel Lévy disait que ce procédé utilisait au profit de la classe pauvre les matières azotées, amylacées, grasses et aromatiques du son de l'ancienne mouture ; c'était, en un mot, arriver au but que M. Millon s'était proposé dans son travail sur la décortication des grains.

Je fis moi-même quelques expériences sur diverses espèces de son, et j'ai obtenu de 18 à 35 0/0 d'une substance qui fut reconnue pour du gluten.

En résumé, nous voyons que l'emploi dans la panification des farines de pommes de terre, de riz et du son est avantageux, puisque leur conservation facile et leur prix moins élevé pourrait empêcher les disettes et procurer, même dans les temps ordinaires, plus de bien-être à la classe pauvre.

# UTILITÉ DE LA PRÉSENCE DU SON DANS LE PAIN,

par M. G. Soucerotte.

Si, comme il me paraît difficile d'en douter, la constipation est plus commune que jamais, à quoi faut-il s'en prendre? Peut-être les causes en sont-elles diverses; mais il en est une sur laquelle j'appelle plus spécialement l'attention de mes confrères, parce qu'elle est, à mon sens, la plus générale et qu'elle me semble avoir passé jusqu'à présent inaperçue; je veux parler des perfectionnements apportés de nos jours dans le *blutage du blé*, opération qui a pour résultat d'extraire de la farine tout le son qu'elle peut contenir, quand elle se fait, comme aujourd'hui, à 20 ou 25 p. 100 au lieu de 10 ou 12, taux auquel on blutait il y a une vingtaine d'années. Or, pour se rendre compte des résultats de ce perfectionnement réel ou apparent, il faut de toute nécessité, savoir quel rôle joue le son dans les propriétés hygiéniques et alimentaires du pain.

On se tromperait si l'on croyait pouvoir attribuer aux données de la chimie une certitude qui, en cette matière du moins, lui fait complétement défaut. Rien de plus dissemblable, en effet, que les analyses qu'on nous a données du son. Ainsi, tandis que M. Poggiale y constate 34,57 p. 100 de cellulose (ligneux), M. Payen n'y en reconnaît que 4, M. Millon 9, 7, M. Kekulé 9, 2. M. Millon croit, il est vrai, avoir trouvé la cause de ces divergences dans la différence qui se trouve entre le son obtenu par la mouture habituelle et celui qu'on obtient de la mouture des blés fraîchement lavés; mais ce sont, comme on le voit, des questions encore à l'étude. M. Poggiale pense qu'on doit regarder le son comme une substance peu précieuse, parce que, d'après ses recherches, elle contiendrait 44 p. 100 seulement de parties assimilables et 56 p. 100 de parties non assimilables, et qu'enfin des chiens nourris par lui de son diminuaient régulièrement de poids, ce qui n'avait pas lieu quand il les alimentait avec du pain. Mais, selon M. Magendie, ces mêmes animaux vivent avec du pain de son, et ils meurent quand on les nourrit de pain blanc.

Enfin, M. Mouriet admet dans la pellicule interne un ferment fluidificateur de l'amidon, qui a la propriété de convertir en sucre cette substance, qui, sans cela, est rejetée par les intestins comme une matière non assimilable.

Ainsi, si le pain dans lequel on a laissé du son n'est pas nourrissant au même degré que le pain qui en est dépourvu, il compense cette infériorité par des qualités importantes au point de vue de la digestibilité ; il est, en outre, plus sapide.

Enfin, et c'est là où j'en voulais venir, il a pour effet, soit en vertu de ses propriétés fermentescibles, soit par un effet mécanique des ligneux qu'il contient, d'accroître le mouvement péristaltique des intestins, et, par suite, d'*entretenir la liberté des selles.* Je ne dis rien là qui ne soit connu de temps immémorial.

Les anciens, qui fabriquaient trois espèces de pain, dont une de qualité inférieure *(panis confusaneus)* et une autre tout à fait grossière *(panis furfuraceus)*, savaient très bien à quoi s'en tenir à cet égard. Hippocrate *(De victûs Ratione*, lib. II*)* en fait une mention spéciale, ainsi que Galien : *Parum alit et facilè subsidet, et quia furfur non nihil habet facultatis detersoriæ, idcirco irritatis intestinis cito dejicitur.*

Voilà qui est explicite. Comment donc des faits si simples, si faciles à vérifier, et qui sont parfaitement connus dans certaines parties de l'Allemagne et de l'autre côté du détroit, où l'on fabrique, pour les classes aisées, un pain contenant du son et dont on mange à déjeuner dans un but facile à comprendre, comment, dis-je, de tels faits peuvent-ils passer inaperçus chez nous ou tomber dans l'oubli à ce point qu'on ait pu annoncer, il n'y a pas longtemps, dans les journaux de médecine, comme une découverte, que le son mêlé au pain lui donne des propriétés déconstipantes?

Fréquemment consulté par mes clients de la classe aisée surtout, car c'est là qu'une vie plus sédentaire, des occupations de cabinet, une nourriture moins grossière, rendent la constipation plus fréquente, je n'ai eu garde de les frustrer des avantages de *cette découverte*, et je dois dire que l'effet a constamment répondu à mon attente. J'ajouterai que le son aura toujours, sur toutes les drogues sorties de nos officines, un avantage inestimable, c'est de ne pas fatiguer les organes digestifs et de ne provoquer la contractilité intestinale que dans la mesure voulue par la nature pour la régularité des fonctions. Enfin, il n'a pas non plus, comme les substances médicinales, l'inconvénient de perdre de son efficacité par l'habitude et d'exiger, pour agir, des doses sans cesse croissantes.

La séparation du son d'avec la farine, dit Liébig, *est plutôt nuisible qu'utile à la nutrition.* Dans l'antiquité, jusqu'à l'époque de l'empire romain, on ne connaissait pas de farine blutée. Dans beaucoup de localités d'Allemagne, particulièrement en Westphalie, on fait mettre le son avec la farine du pain appelé *pumpernickel,* et il n'y a pas de population dont les organes digestifs soient en meilleur état. Sans aller chercher des exemples de l'autre côté du Rhin, ne pourrions-nous arguer également de la vigueur de nos paysans, qui mangent, dans presque toutes les parties de la France, un pain mêlé de son? Les générations qui nous ont précédés eussent-elles eu quelque chose à envier sous ce rapport à la génération actuelle?

Reconnaissons-le donc, le blutage est moins une question d'hygiène qu'une affaire de luxe. Il pourrait bien n'y avoir là qu'un de ces faux progrès qu'on rencontre quelquefois dans l'histoire des sciences, qu'on admet sur la foi de raisonnements *a priori*, et sur la valeur desquels l'expérience prononce assez souvent d'une manière opposée à la théorie.

Cette question n'a pas seulement une importance médicale au point de vue économique, elle tire un intérêt tout particulier des circonstances actuelles, puisqu'en employant à la panification de la farine non blutée, on augmente le produit d'un sixième à un cinquième au moins. Le Gouvernement pourrait donc, ne serait-ce qu'en réduisant le blutage à 10 p. 100, comme cela avait lieu précédemment, opérer une économie notable dans l'alimentation de l'armée, et cela sans nuire aucunement à la santé des troupes. De quelque manière qu'on en juge, on conviendra que la question, tranchée avec un peu de précipitation peut-être et sur la foi des apparences, vaut bien la peine qu'on y revienne.

# DESCRIPTION DES PLANCHES.

---

## Planche I.

*Élévation d'une manutention complète au 100e d'exécution.*

*a.* Trémie pour l'introduction des céréales.
*b.* Conduit au conservateur.
*c.* Conservateur des céréales.
*d.* Tarare ou nettoyeur.
*e.* Distributeur du blé.
*f.* Moulin avec son moteur à vapeur.
*g.* Trémie recevant la farine moulue.
*h.* Chaîne à godets montant la farine à la bluterie.
*i.* Partie avancée de la bluterie.
*jj.* Distributeur de la farine.
*k.* Conservateur des farines.
*l.* Balance justificative des farines.
*m.* Pétrisseur à vapeur.
*n.* Four, générateur de vapeur.
*o.* Foyer et générateur.
*pp.* Bouche à nettoyage ou carneaux.
*q.* Entrée du four pour la cuisson.
*rr.* Voûtes à fermentation.
*s.* Thermomètres.
*t.* Horloge.
*u.* Manomètre métallique du four.

## Planche II. — Figure 1.

*Four à cuire le pain avec le générateur de la vapeur.*

*a.* Porte du foyer.
*b.* Générateur tubulaire à injection.
*cc.* Réservoirs de vapeur.
*d.* Emprise de vapeur.
*ee.* Soupapes de sûreté.
*f.* Porte d'enfournement.
*gg.* Portes des carneaux de curage.
*h.* Manomètres métalliques.
*ii.* Luminaires.
*j.* Régulateur des registres.
*k.* Fermentateur à panneton.
*l.* Fermentateur en masse.
*m.* Cendrier.

## Figure 2.

*Coupe du four à pain et du générateur à vapeur.*

. Porte d'enfournement avec registres.
*bbbb.* Four.
*b' b'.* Atre du four.
*c.* Lampe à réflecteur.
*dd.* Carneaux de conduite.
*e.* Grille du foyer.
*f.* Moteur d'alimentation et ses accessoires.
*g.* Soupapes et alimentation.
*h.* Réservoir de vapeur.
*i.* Registre.
*j.* Régulateur des registres.
*k.* Voûtes pour le chauffage de l'eau.
*l.* Couche de charbon pilé.
*m.* Couche de cendre de bois.
*n.* Briques réfractaires à plat.

## Planche III.

*Moulin complet avec le décorticage, le nettoyage et la bluterie.*

*a*. Moulin et son beffroi.
*b b*. Bâtis du moulin.
*c*. Moteur à vapeur et ses accessoires.
*d*. Distributeur.
*e*. Décortiqueur.
*f*. Transmission pour la poulie à godets.
*g. h*. Chaînes à godets.
*i. j*. Trémies.
*k*. Tarare ou nettoyeur du blé.
*l*. Bluterie.
*m*. Récepteur du blé.
*m'*. Récepteur de la farine.

## Planche IV. — Figures 1 et 2.

*Pétrisseur complet à vapeur avec récepteur de la pâte.*

*a*. Moteur à vapeur et ses accessoires.
*b*. Pignon de commande.
*c*. Grande roue dentée.
*d*. Bras du pétrisseur.
*e e*. Coussinets extérieurs.
*f f*. Supports du pétrisseur.
*g*. Conduits de vapeur pour chauffer l'enveloppe du pétrisseur.
*h*. Récepteur de la pâte.
*i i*. Enveloppe du pétrisseur.

## Planche V. — Figure 1.

*Réservoir à farine avec sa balance à justification.*

*a a a*. Plans inclinés et spirales.
*b*. Trémie d'entrée des céréales.
*c*. Tube d'aérage.
*d*. Axe des palettes.
*e*. Manivelles.
*f f*. Palettes à déplacement.
*g*. Ouverture d'écoulement pour la farine.
*h*. Tige à introduction.
*i*. Évacuation de la farine.
*j*. Boyau en toile.
*k k*. Supports du réservoir.
*l*. Plateau de balance à poids fixe.
*m*. Cadran indicateur.

### Figure 2.

*Conservateur des céréales avec son nettoyeur.*

*a a a*. Plans inclinés et spirales.
*b*. Trémie d'entrée des céréales.
*c*. Gros tube d'aérage.
*d d d d*. Petits tubes d'aérages en toile percée.
*e e e e*. Tôle percée placée de 20 cent. en 20 cent.
*f*. Régulateur pour l'écoulement des céréales.
*g*. Ouverture pour l'écoulement.
*h*. Trémie du nettoyeur des grains.
*i*. Cylindre en tôle percée et brosses.
*j j*. Ventilateur.
*k*. Sortie du blé purifié.
*l*. Evacuation des impuretés, balles, etc.
*m*. Aérateur du nettoyage et communication avec le ventilateur.
*n*. Poulies de transmission.
*o o*. Supports du conservateur.

## Planche VI. — Figure 1.

*Petit moulin à riz avec sa bluterie perpétuelle.*

*a*. Moteur du moulin avec ses accessoires.
*b*. Moulin avec son enveloppe.
*c*. Trémie.
*d*. Conduit de la bluterie.
*e*. Trémie d'évacuation du riz non bluté.
*f f*. Bluterie avec sa caisse à farine.

## Planche VI. — Figure 2.

*a.* Cuve à malaxtion.
*b.* Manivelle du triturateur.
*c.* Cylindre renfermant les brosses à son.
*d.* Pignon commandé par la roue.
*e.* Roue de commande.
*f.* Presse-son à levier.
*g.* Cuve recevant l'eau amylacée.

## Planche VII. — Figure 1.

*Machine à battre le blé avec moteur à vapeur et son approvisionnement (vu de face).*

*a.* Réservoir à combustible.
*b.* Réservoir pour l'eau.
*c.* Cheminée de sûreté.
*d d.* Cylindres batteurs.
*e e.* Train de la batteuse et du moteur.

## Planche VII. — Figure 2.

*Machine à battre le blé avec moteur à vapeur (vu de côté).*

*a.* Réservoir à combustible.
*b.* Réservoir pour l'eau.
*c.* Cheminée.
*d d.* Cylindres batteurs.
*e.* Train de la batteuse.
*f.* Porte du foyer et générateur.
*g.* Moteur et ses accessoires.
*h.* Cames de soulèvement.
*i i i.* Ouverture facilitant la sortie des grains.
*j.* Botteleurs.
*k.* Cylindre brosseur du blé.
*l.* Ventilateur.
*m.* Evacuation des impuretés.
*n.* Sortie du blé purifié.

## Planche VIII.

Fig. 1. Meule avec indication du rayonnage.
2. Segment de meule.
3. Cylindre à vapeur avec ses détails.
4. Panneton élastique long.
5. Le même vu en élévation.
6. Panneton élastique rond.
7. Le même vu en élévation.

Fig. 8. Support du cylindre et distribution.
9. Extrémités des tubes générateurs.
10. Conduit de vapeur et d'eau.
11. Calotte des tubes générateurs.
12. Clapet de la pompe alimentaire.
13. Le même vu de face.
14. Pompe alimentaire.

# TABLE DES MATIÈRES.

## Troisième Partie.



## Quatrième Partie.





FIN.

Paris. — Imprimerie de Dubuisson et Ce, rue Coq-Héron, 5.

PL. I.

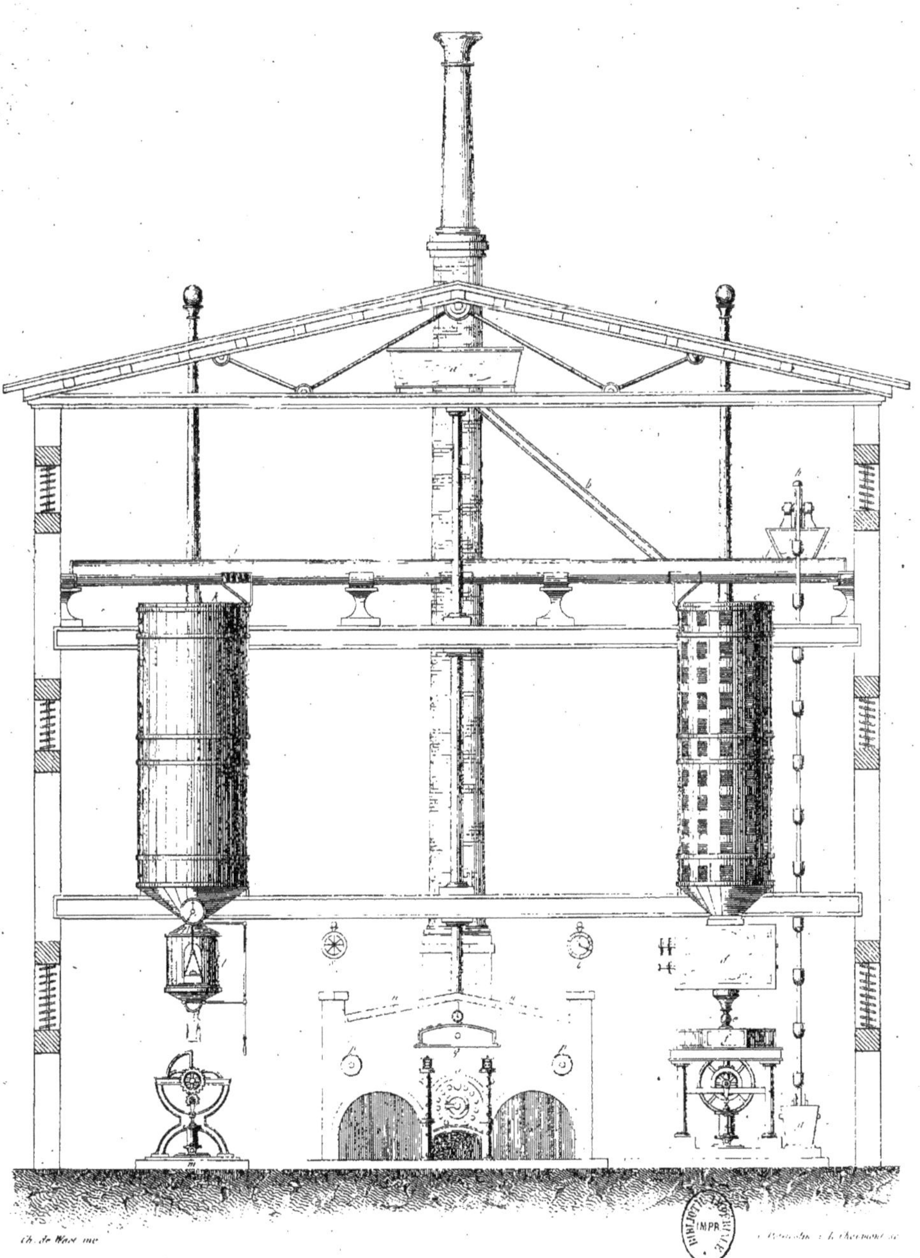

Ch. de Waé inv.

PL. II.

Fig. 1.

Fig. 2.

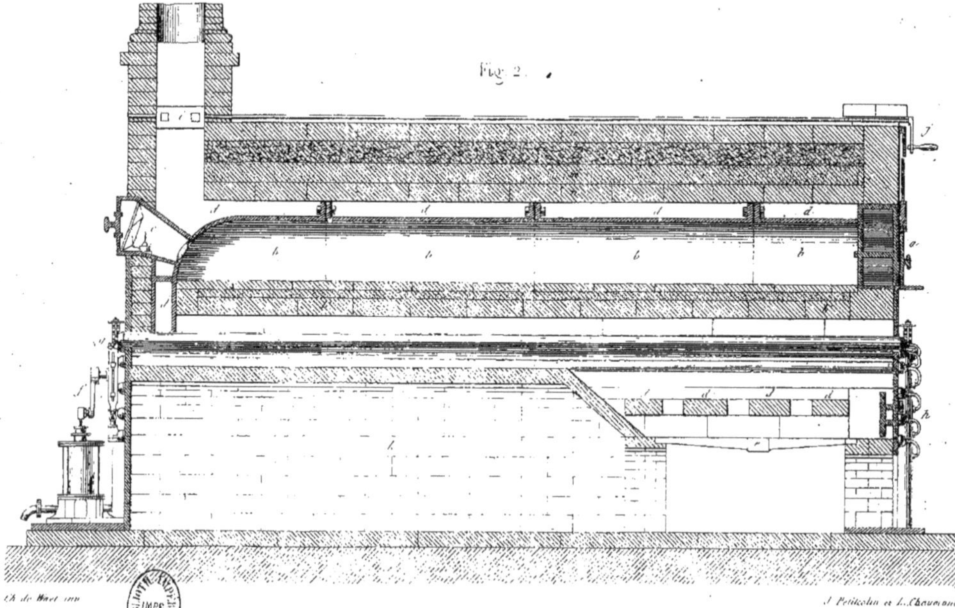

Ch. de Waet inv.



J. Petitcolin et L. Chaumont sc.

PL. III.

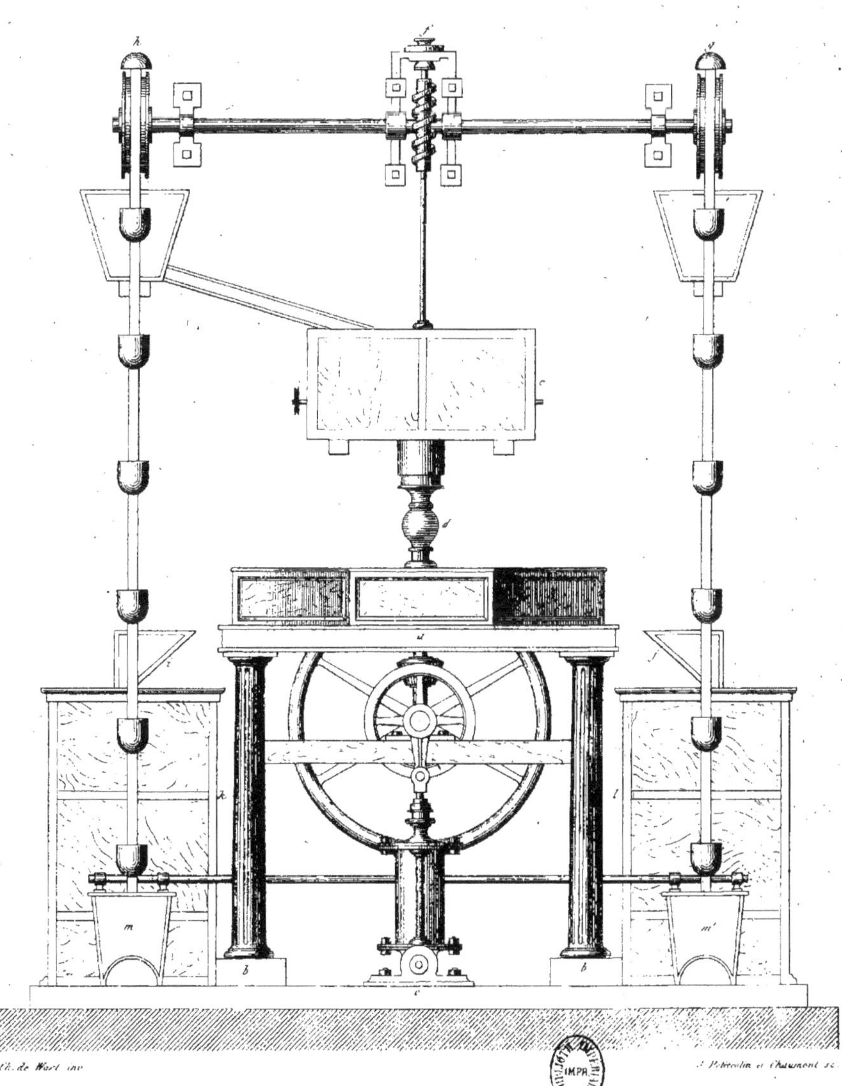

Fig. 1

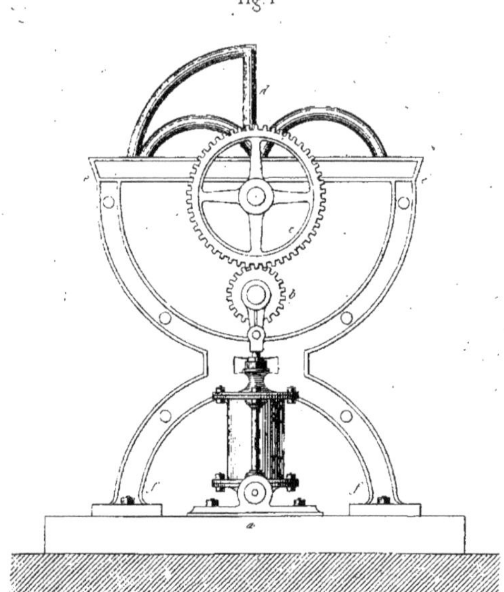


Fig. 2.

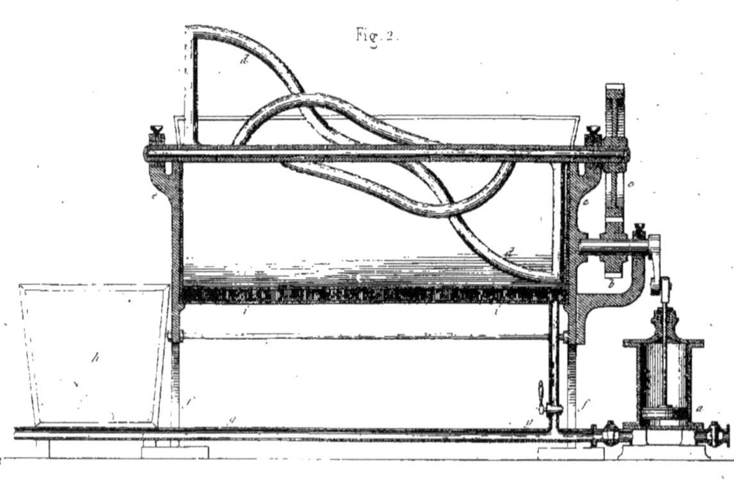


Ch. de Moet in

J. Petitcolin & L. Chaumont ex

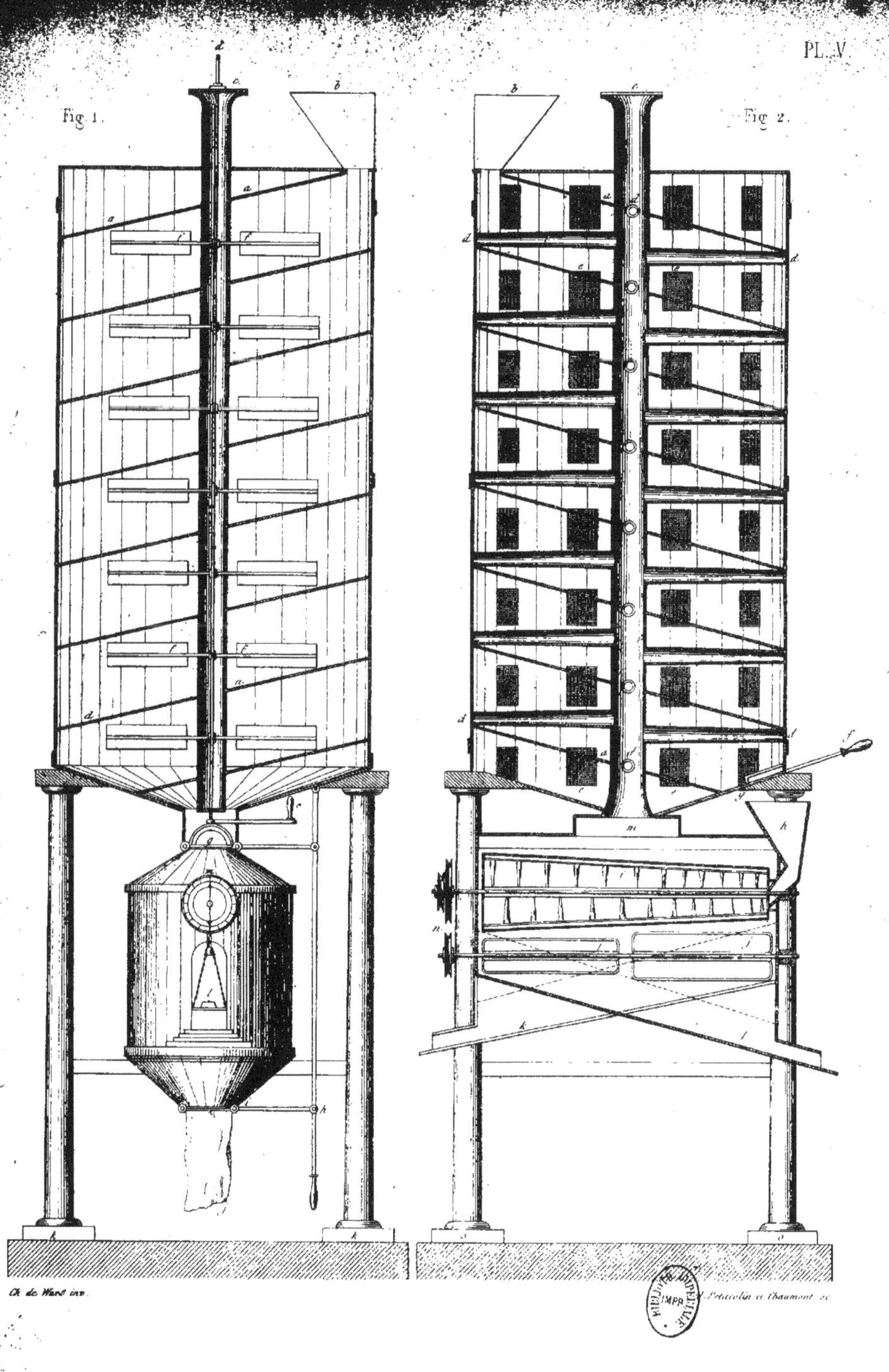
Fig. 1.
Fig. 2.
Ch. de Waré inv.

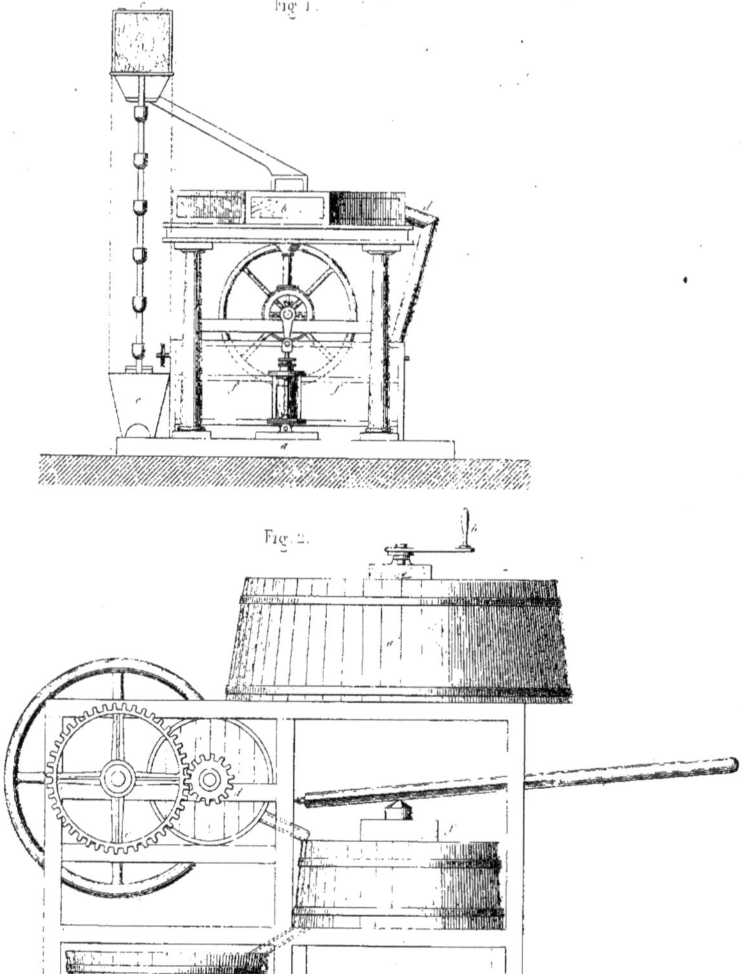
Fig. 1.
Fig. 2.

PL. VII.

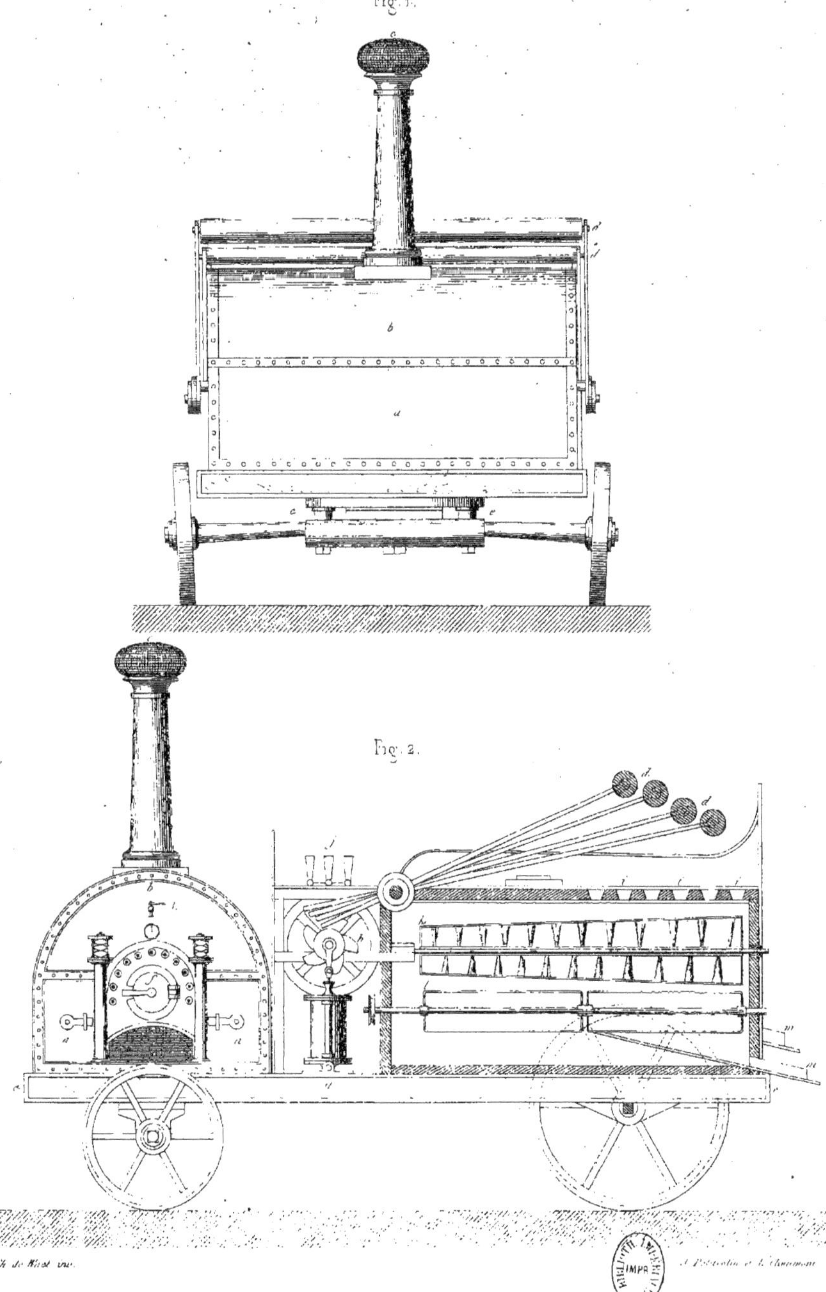


Ch. de Wael inv.

PL. VIII

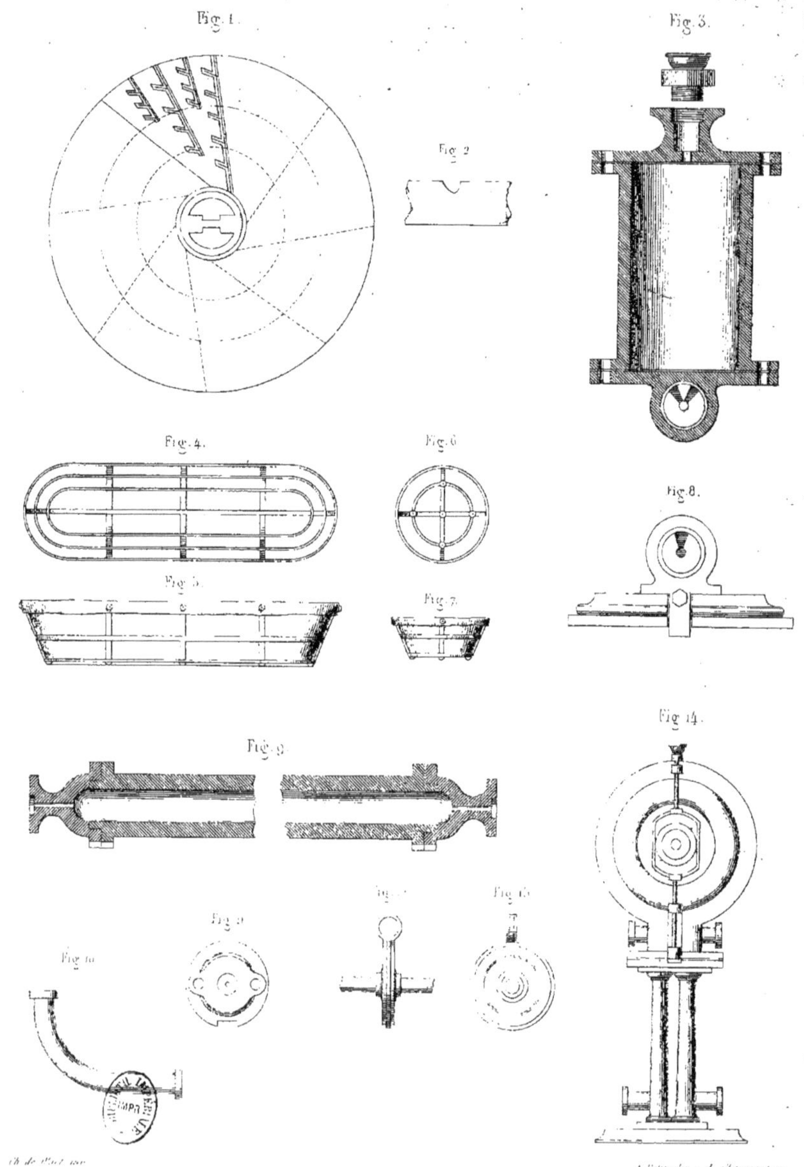

Paris. — Imprimerie de Dubuisson et Ce, r. Coq-Héron, 5.

www.ingramcontent.com/pod-product-compliance
Ingram Content Group UK Ltd.
Pitfield, Milton Keynes, MK11 3LW, UK
UKHW021201220726
13924UKWH00003B/1245

9 782019 710842